9783460315716
D1986633

Josef Katzer

Einer von uns

Josef Katzer

Einer von uns

So erlebe ich Jesus

Meditationen zum Markusevangelium

Verlag Katholisches Bibelwerk
Stuttgart

Vorwort

Das vorliegende Bändchen wurzelt in dem Versuch, Jesus zu sehen.

»Wir möchten Jesus sehen«, baten einmal einige Nichtjuden den Jünger Philippus. Der sagte es Andreas. Beide zusammen sagten es Jesus. Gemeint war sicherlich: Wir möchten sehen, wie er aussieht, wie er redet, was er tut. Wir möchten uns eine Meinung über ihn bilden.
Aber wie es ein äußeres und ein inneres Sehen gibt, so verweist Jesu Antwort auf die Innenseite seiner Person. Was hilft eine nur die Neugier befriedigende Kenntnis? Ihr müßt in das eindringen, was den äußeren Augen verborgen ist. Das Einfallstor zum tieferen Verständnis enthüllt sich erst vom Ende her, vom Kreuz und vom Mut, dort zu sein, »wo ich bin« (vgl. Joh 12,20ff.)

Jesus – einer von uns, sicherlich. Und doch auch wie keiner von uns. »Er war in allem uns gleich, außer ...« (vgl. Phil 2,6f.; Hebr 4,15).

Mai 1977

Josef Katzer

Inhalt

Komm näher, Herr!

Wer bist du?

Ein Galiläer?
Ein Bettler?
Eine Großmacht?
Eine Ohnmacht?
Heute noch?
Immer?

Er suchte Gleichgesinnte

Mk 1,16–20

Wann war es, daß sie zum ersten Mal von Jesus hörten, ihn sahen? Oder ging er in ihrem Leben auf wie die Sonne des Orients, die ohne die Vorbotin Morgenröte königlich aufsteigt und ihr Licht prachtvoll an Dinge und Menschen verschwendet?

Als Jesus am See von Galiläa entlangging, sah er Simon und Andreas, den Bruder des Simon; sie warfen gerade auf dem See ihr Netz aus, denn sie waren Fischer.
Er sagte zu ihnen: Kommt, folgt mir nach! Ich werde euch zu Menschenfischern machen.
Ohne zu zögern, ließen sie ihre Netze liegen und folgten ihm.
Als er ein Stück weiterging, sah er Jakobus, den Sohn des Zebedäus, und seinen Bruder Johannes; auch sie waren im Boot und richteten ihre Netze her. Sofort rief er sie, und sie ließen ihren Vater Zebedäus mit seinen Tagelöhnern im Boot zurück und folgten Jesus.

Er kam. Er sah. Er rief.
Sie folgten.
Jesus, der sie an sich zog, taucht nach den Evangelien des Markus und des Johannes unvermittelt in der Öffentlichkeit seines Volkes auf, ohne lange Vorgeschichte.

Karl Schmidt-Rottluff, Petri Fischzug

Damals entfachte Johannes der Täufer eine religiöse Erwekkungsbewegung in Israel. Große Scharen pilgerten zu ihm hinab in die Wüste, nahe Jericho, an den Jordan, umsich taufen zu lassen und ihre Sünden zu bekennen. Die Vollendung der Zeit schien sich genaht zu haben. Der Geist Gottes ergriff die Herzen.

Einer der Pilger war auch Jesus aus Nazaret. Er stieg wie alle in den Jordan, der Israel von den Heiden trennt und den einst die zwölf Stämme durchwaten mußten, bevor sie das Gelobte Land erobern konnten, um das eine Israel zu werden.
Dort also geriet Jesus in den Blick der Menschen.
Während er betend im Wasser stand und sich dem Vater vorbehaltlos anbot, ergriff Gott für ihn Partei. Er taufte ihn mit der Taufe seines Geistes.

Von dort zog sich Jesus 40 Tage lang in die Wüste zurück, weil auch sein Volk 40 Jahre die Einöden durchzog. Gestärkt durch Gebet und Fasten – nachdem er jeglichem Versuch zum Mißbrauch seiner Macht widerstanden hatte – wanderte er nach Galiläa hinauf, den kommenden Gott zu verkünden. »Die Zeiten haben sich vollendet. Gottes Herrschaft ist nahe. Werdet Menschen nach Gottes Plan! Vertraut euch ihm an! Ergreift die Heilsbotschaft!« (vgl. Mk 1,15).

Mehr Vorgeschichte will Markus nicht erzählen, nur das eine: Wie Jesus sich von Gott ergriffen wußte, so ergriff er auch seine Jünger.

Er kam. Er sah. Er rief.
Sie folgten.

War ihr Leben und ihr Beruf nur Vorspiel gewesen?
Hatte Gott ihr Herz schon heimlich verwundet und ihnen eine Leere eingepflanzt, die Erfüllung ersehnt?
War der Ruf »Kommt, folgt mir nach!« der Funke gewesen, der die geplante Explosion nur auslöste?

Mir nach!
Damals gab es in Israel viele Rabbis, die durch das Land zogen mit einem Schwarm von Schülern. Völlig ergeben ihrem Lehrer, hielten sie auf der Wanderung inne, wenn er stehen blieb. Aß er, aßen auch sie. Wie er sich kleidete, so stand es auch ihnen. Sie bedienten ihren Meister Tag und Nacht und brauchten nur eines nicht zu tun – seine Schuhriemen zu lösen. Das war Sklavenarbeit. Ständig diskutierten sie mit ihm die heilige Lehre und lernten das Gesetz auszulegen. Hatten sie bei ihm ausstudiert, suchten sie vielleicht einen noch bekannteren Meister, bis sie eines Tages selbst Schriftgelehrte waren, von jedermann hochgeehrt. Wächter des Gesetzes, Hüter der Ordnung.

Und Jesus?
Einen, der ihm folgen will, sich aber zuerst von der Familie verabschieden will, weist er zurück.
Einen anderen läßt er nicht einmal seinen verstorbenen Vater beerdigen: »Laß die Toten ihre Toten begraben!«
Einen Dritten verweist er darauf, daß zwar die Füchse ihre Höhlen und die Vögel ihre Nester haben, er aber keinen Fleck dieser Erde sein eigen nenne (vgl. Lk 9,57ff.).

Warum ist Jesus so anders als die Lehrer in Israel?
Warum bindet er sich eine Schürze um, löst seinen Jüngern die Schuhriemen und wäscht ihnen die Füße (vgl. Joh 13,1ff.)?

Warum lehrt er sie, sich als unnütze Knechte zu verstehen, nachdem sie alles getan haben, was sie schuldig waren (vgl. Lk 17,7ff.)?
Soll der Horizont sich auftun, damit der sichtbar werde, der der einzige Meister und Herr der Menschen ist?

Sie sollen alles verlassen, ihr Leben ändern, Vater und Mutter, Brüder, Äcker und Häuser hintansetzen (vgl. Mt 10,37ff.).
Wohin geht die Reise hinter dem neuen Abraham her?
Menschenfischer!
Mit welchen Netzen, in welchen Booten, zu welchen Fischen, auf welchen Wassern?

Er suchte Gleichgesinnte.
Zuerst aber machte er sie zu Freunden, damit sie dort sein könnten, wo er war (vgl. Joh 14,1ff.; 15,15f.).
Und Du?

Er galt nichts zu Hause

Mk 6,1–6

Sehen wir noch – wenn wir nur das Äußere sehen?
Hören wir noch – wenn wir nur Töne vernehmen?
Ahnen wir noch den Sinn – wenn wir nur nach dem Nutzen fragen?
Was Wunder, daß einer, der seine Wurzeln am jenseitigen, unsichtbaren Ufer eingesenkt hat, uns befremdet.
Kein Prophet ist in seiner Heimatstadt willkommen.

Wir haben uns hübsch im Irdischen eingerichtet,
unsere Wohnung ist auf den neuesten Stand gebracht,
unser Urlaub ist gebucht,
unsere Meinung ist gefestigt.
Wir haben.
Was Wunder, daß einer, der lebt, wie Gottes Geist weht – du kannst ihn nicht planen, immer hält er Überraschungen bereit –, uns befremdet.
Kein Prophet ist in seiner Heimatstadt willkommen.

Jesus … kam in seine Heimatstadt; seine Jünger begleiteten ihn. Am Sabbat lehrte er in der Synagoge. Und die vielen Menschen, die ihm zuhörten, staunten und sagten: Woher hat er das alles? Was ist das für eine Weisheit, die ihm gegeben ist? Und was sind das für Wunder, die durch ihn geschehen? ist das nicht der Zimmermann, der Sohn der Maria und der

Bruder des Jakobus, Joses, Judas und Simon? Und leben nicht seine Schwestern hier unter uns?
Und sie waren empört über ihn.
Da sagte Jesus zu ihnen: Überall wird ein Prophet geehrt, nur nicht in seiner Heimat, bei seinen Verwandten und in seiner Familie. Und er konnte dort kein Wunder tun; nur einigen Kranken legte er die Hände auf und heilte sie. Und er wunderte sich über ihren Unglauben.

Von dreiunddreißig Jahren lebte Jesus dreißig in der Verborgenheit. Drei Jahre lang machte er von sich reden, galt den einen als Betrüger und Bundesgenosse des Teufels, den anderen als Beauftragter Gottes. Priester und Schriftgelehrte bekämpften ihn, seine Freunde mißverstanden ihn, seine Verwandten schüttelten den Kopf. Endlich starb er am Kreuz, verraten von Judas, verleugnet von Petrus, verlassen von allen.
Wer machte ihn unsterblich?

So bedeutungslos war er – was die Welt bedeutungslos nennt! –, daß die Geschichtsschreiber seiner Zeit ihn kaum bemerkten. Die Zeugnisse des Josephus, Tacitus, Sueton und Plinius sind mager, was seine Person betrifft.
Wer machte ihn unsterblich?

Schämte er sich seiner unscheinbaren Herkunft aus dem armseligen Nazaret? Schämte er sich, Sohn des Handwerkers zu sein? Betonte er seine geringe Abstammung in dem Sinne: Seht, ich komme zwar aus kleinen Verhältnissen, habe es aber doch weiter gebracht als alle anderen, oder?
Jesus war vollkommen mit sich eins. So sehr war Gott die Mitte seines Selbstvertrauens, daß er aus sich nichts zu machen

brauchte, um zu sein, wer er war: für die einen Ärgernis, Stein des Anstoßes, Widerspruch, für die anderen Herr, Meister, Freund, Bruder.

Weil seine Landsleute vorgaben, ihn zu kennen – Ist er nicht der Arbeiter? – übersahen sie seine Einmaligkeit. Mit dem Vorurteil »Er ist von Sinnen« (Mk 3,21) beraubten sie sich seiner wahren Gegenwart. Denn nur der Offene empfängt seine Hilfe. Wo Mißtrauen herrscht, kann er nicht wirken.
Aber nicht sofort entpuppten sich die Blasierten als Blinde, die Besserwisser als Irrende, und die ihm nichts zutrauten als Unterlegene. Nicht sofort offenbarte sich Glaube als Vertrauen gegen den Augenschein, Hoffnung als Verlangen nach Dingen, die man nicht sieht; Liebe als Kraft zum Weg mit ihm.
Wäre ihm damals nicht widerstanden worden, wo bliebe für uns, die wir ihm heute folgen, die Ermutigung?

Verborgen blieb das wahre Gesicht Jesu den Menschen damals, wie auch heute Jesus verborgen bleibt in den zeugnisarmen Christen, in einer Theologie ohne Gebet, in einer Kirche, die nach Erfolg bemißt.

Jesus, zugeschneidert auf menschliches Maß
bleibt von dir nichts übrig als der »Menschenfreund«;
Jesus, seziert bis zur Unkenntlichkeit,
zerdeutet und zerpflückt,
von vielen in Anspruch genommen als Aushängeschild dir wesensfremder Ziele;
Jesus, Ärgernis und Torheit,
Kraft und Hoffnung,
sei uns gnädig!

Der Jünger – Jesu Spiegelbild

Mk 6,7–13

»Gib alles hin, dann ist alles dein« (Hadwig, flämische Mystikerin).

Wenn du lassen kannst,
wenn du freigeben kannst und nichts behalten willst,
wenn du dich nicht mehr unter allen Umständen behaupten mußt,
wenn du dich nicht mehr angestrengt nach vorn schiebst,
wenn du ein Gelassener geworden bist,
dann erst bist du im Innersten ungefährdet.

Deine staunenerregende Bedürfnislosigkeit wird die Zeitgenossen fragen lassen: Ein unbedarfter Mensch, der den Wert der Dinge nicht kennt, oder ...?
Dann beginne, vom wahren Fundament deines Lebens zu reden.

Er rief die Zwölf zu sich und sandte sie zu je zweien aus, gab ihnen Macht über die unreinen Geister und gebot ihnen, außer einem Wanderstab nichts auf den Weg mitzunehmen, kein Brot, keine Vorratstasche, kein Geld im Gürtel, kein zweites Hemd und an den Füßen nur Sandalen. Und er sagte zu ihnen: Bleibt in dem Haus, in das ihr einkehrt, bis ihr den Ort wieder verlaßt. Und wenn euch ein Ort nicht aufnimmt und man euch nicht hören will, geht weiter und schüttelt den Staub von euren Füßen zum Zeugnis gegen sie. Die zwölf Jünger machten sich auf den Weg und riefen zur Umkehr auf. Sie trieben viele Dämonen aus und salbten viele Kranke mit Öl und heilten sie.

In den Anweisungen an seine Jünger spiegelt sich Jesu eigene Lebensweise wider, seine Einfachheit und Armutsliebe, aber auch sein tiefster Reichtum. Arm sein und deshalb reich sein wie die Vögel des Himmels und die Blumen des Feldes (vgl. Mt 6,25–34).

Für die Wanderung genügt ein Stab, um sich gegen wilde Tiere und Schlangen zu wehren; genügen Sandalen, ohne die keiner auf dem steinigen Boden Palästinas auskommt. Auf Proviant und Vorratstasche, auf doppelte Kleidung und Geld kann verzichtet werden. Was nötig ist, wird einem der in jedem Dorf, in jeder Stadt angestellte öffentliche Fürsorger gewähren.[1]

Der Verzicht auf jeglichen Ballast verdeutlicht somit die Botschaft: Gottes Heil kommt zu uns Armen und kann nur von Offenen empfangen werden. »Kehrt um und glaubt!« (Mk 1,15).

Aber wenn alle so leben würden, wo kämen wir da hin? Das ist die Lebensart der Tagediebe und Taugenichtse, der Gammler und Bettler, der Lebenskünstler mit unverbindlicher Einstellung. Könnte sie aber nicht auch Hinweise auf einen letzten Ernst sein: daß einer sich in die Waagschale legt für die Botschaft, die ihn zuvor gewandelt hat?

Natürlich, wenn sich Menschen verschließen, nicht loslassen können und unter allen Umständen sich behaupten wollen,

---

1 Speise und Unterkunft wurden in jeder jüdischen Stadt den Wanderern geboten = öffentliche Fürsorge; vgl. Josephus Flavius, De bello Judaico libri VII.

dann »schüttelt den Staub von den Füßen zum Zeugnis wider sie«. Die Geste war damals unmißverständlich. Sie meinte, man solle solche Menschen den Heiden gleichstellen und mit ihnen keine Gemeinschaft haben. Die Juden schüttelten sogar die Sandalen aus, wenn sie aus heidnischem Gebiet kommend jüdisches Land betraten.[2]

Damit sich aber die Jünger nicht täuschen, mögen sie immer zu zweit gehen. Wenn zwei die gleiche Sache bezeugen, haben sie größeren Erfolg bei den Menschen; wenn zwei abgelehnt werden, wiegt ihr Zeugnis mehr vor Gericht, also auch vor dem Gericht Gottes.[3]

Die Anweisungen Jesu sind nicht weichlich und milde, sondern drängend und unbeugsam, ja sogar schroff. Sie lassen manche Frage offen:
Wann ist der Punkt erreicht, wo es den Staub abzuschütteln gilt?
Was ist heute Armut?
Wer ist kraftvoller Zeuge?
In wem erkennen wir das Antlitz Jesu wieder?
Sie geben aber auch Antworten:
Wer so leben lernen will, wie Jesus lebte, muß bitten können:
vielleicht um einen Trunk,
um einen Bissen Brot,
um einen Schlafplatz,

---

2 Vgl. Strack-Billerbeck, Kommentar zum Neuen Testament aus Talmud und Midrasch, München 1961, zu Mt 10,14.

3 In der rabbinischen Literatur wird erwähnt, daß für private Botengänge wie auch für offizielle Aufträge zwei »Jochgenossen« entsendet werden.

vielleicht um Gehör,
um Unvoreingenommenheit,
um Nachsicht mit der eigenen Schwäche.
Wir haben früher zu viel gefordert und gedroht.

Wer so leben lernen will, wie Jesus lebte, muß wahrhaftig sein: Immer werden Worte gegen die Taten abgewogen. Wo sie einander entsprechen, öffnen sich auch heute noch die Herzen.

Die Wanderregeln Jesu an die Zwölf sind in gewisser Weise utopisch und können nicht immer wörtlich übernommen werden. Aber sie haben bis heute die Kraft nicht verloren, nachdenklich zu machen, in Frage zu stellen, zu einem neuen Anfang zu ermutigen.

Wahre Verwandte

Mk 3,31–35

Für die Juden zur Zeit Jesu war der Wille Gottes im Mosegesetz und in den Anordnungen der Zehn Gebote klar zu lesen. Auch die Ehrfurcht vor den eigenen Eltern ist da eindeutig aufgezeigt: »Erweise Ehre deinem Vater und deiner Mutter, wie Jahwe, dein Gott, dir geboten hat, damit deine Tage dir lang währen und es dir wohl ergehe auf dem Erdboden, den Jahwe, dein Gott, dir gegeben hat« (Dtn 5,16).

Bricht Jesus aus den Überlieferungen aus, wenn er sogar die Blutverwandschaft in Frage stellt?

Da kamen seine Mutter und seine Brüder; sie blieben draußen stehen und ließen ihn herausrufen. Viele Leute saßen um ihn herum, und man sagte zu ihm: Deine Mutter und deine Brüder stehen draußen und wollen dich sehen. Er antwortete ihnen: Wer sind meine Mutter und meine Brüder? Und er blickte auf die Menschen, die im Kreis um ihn herumsaßen, und sagte: Das sind meine Mutter und meine Brüder. Wer nach dem Willen Gottes handelt, der ist für mich Bruder, Schwester und Mutter.

Jesus bricht aus,
denn der Wille Gottes findet sich nicht immer da, wo die Gebote stehen und die Gesetze befolgt werden.
Haben der Priester und der Levit im Gleichnis vom Samariter (Lk 10,30–35) nicht genau nach Vorschrift gehandelt, als sie den

Verletzten liegen ließen, um sich durch ihn nicht zu verunreinigen? Sie wollten gar nicht hartherzig sein, und doch verstießen sie gegen Gottes Willen.
Hatte der reiche junge Mann, der zu Jesus kam: »Guter Meister, was muß ich tun, um das ewige Leben zu gewinnen?« (Mk 10,17), nicht alle Gebote »von Jugend auf« beachtet? Und doch hörte er: »Eines fehlt dir noch.«

Jesus bricht aus,
aber er wendet sich nicht an die Gesetzlosen, Zöllner, Sünder und Armen aus Protest gegen »die braven Bürger«; er sucht nicht anstelle der Verwandten Freunde zusammen, um seine Vettern und Neffen zu ärgern; er kämpft nicht gegen unmenschliche Autoritäten, um sich politisch einen Namen zu machen. Er bricht aus, weil er Gottes Willen erfüllen muß, weil Gott die Zeitenwende beschlossen hat, und weil er, Jesus aus Nazaret, auserwählt war, diese Wende zu verkünden. Da muß jeder »Gott mehr gehorchen als den Menschen« (Apg 5,29).

Das Reich Gottes gehört den Armen, den Friedensstiftern, den Barmherzigen. Die Zeit ist nun da, in der ein neuer Geist in erneuerte Herzen gelegt wird (vgl. Jer 31,31ff.). Jetzt gelten die Bindungen des Blutes nicht mehr. Nicht die Herkunft aus einem der zwölf Stämme entscheidet über das ewige Leben, denn nicht »die aus dem Fleisch geboren sind, die aus dem Wollen des Mannes hervorgehen, sondern die aus Gott geboren werden« (Joh 1,13) bilden das zukünftige Gottesvolk. Die eigene Mutter hat kein »Recht« mehr auf ihren Sohn. »Wenn jemand zu mir kommt, muß er Vater und Mutter, Frau und Kinder, Brüder und Schwestern, ja sich selbst zurückstellen, sonst kann er nicht mein Jünger sein« (Lk 14,26).

Ein Bild von Kirche ist hier entworfen.
Mitte der Glaubenden ist Jesus, der Herr.
Rings um ihn sitzen seine Jünger, Menschen sind gemeint,
die sich seine Botschaft zu eigen machen und danach leben,
die in seinem Wort das Wort Gottes erkennen,
die mehr mit Gottes erbarmender Huld rechnen als mit ihrer eigenen Kraft,
die das Kreuz zu nehmen bereit sind,
die ihre Hoffnung aus Jesu Tod und Auferstehung schöpfen,
die den Geist empfangen und ihn ständig neu erbitten,
die einander lieben, wie Jesus sie geliebt hat, und im geringsten Bruder ihm dienen,
die in jeder Epoche mutig der Kirche das Gesicht Jesu zurückgeben,
die angesichts von Leid und Tod nicht in das Lager der Pessimisten wechseln,
die beten und still zu werden versuchen,
die aus der Mahlgemeinschaft der Brüder Kraft ziehen,
die im Dialog mit allen Menschen guten Willens bleiben,
die die Welt nach Gottes Verheißungen ändern wollen,
die trotz Schuld und Versagen zu ihrem Herrn rufen:

Herr, Bruder, Freund,
du hast mich erwählt;
erwähle mich neu und mach mich zum Werkzeug deiner Gegenwart unter den Menschen.

Er rief ein Kind herbei

Mk 10,13–16

Ich liebe die Kinder – spricht Gott,
ihr Blick ist noch nicht in die Erde verkrallt.
Sie schauen empor, öffnen die Hände und empfangen.

Ich liebe die Kinder – spricht Gott,
sie messen den Menschen noch nicht nach Stand und Verdienst.
Ihr Tisch ist rund und ihr Himmel ist das Du.

Ich liebe die Kinder – spricht Gott,
in jedem von ihnen kommt die Verheißung neu auf die Welt,
daß es sich lohnt, mich zu finden.

Da brachte man Kinder zu ihm, damit er sie mit der Hand berühre. Die Jünger aber wiesen die Leute ab.
Als Jesus das sah, wurde er unwillig und sagte ihnen: Laßt die Kinder zu mir kommen, hindert sie nicht daran! Denn Menschen wie ihnen gehört das Reich Gottes. Amen, ich sage euch: Wer das Reich Gottes nicht annimmt, als wäre er ein Kind, wird nicht hineinkommen. Und er nahm die Kinder in seine Arme; dann legte er ihnen die Hände auf und segnete sie.

Die Episode zeigt viel von Jesus.
Was galt damals das Kind schon? Ist es nicht dumm? Ist es nicht vertrauensselig? Stolpert es nicht in jede Falle? Braucht es nicht

Jahre, bis es seinen Mann steht? Ist es nicht angewiesen auf die Erwachsenen und leistet noch nichts? Also, ab zum Rabbi in die Synagoge! Lerne die Vorschriften des Gesetzes verstehen! Erst wer das Gesetz kennt, weiß, was Gott verlangt und besitzt eine Waage für seine Taten; er kann Gottes Gerechtigkeit messen. »Verflucht ist, wer das Gesetz nicht kennt« (Spruch zur Zeit Jesu).

Nicht das Kind war also damals treffender Hinweis darauf, wer in Gottes Nähe gelangt, sondern der Gesetzkundige fühlte sich mit Gott im Einklang.
Jesus aber stellte »ein Kind in ihre Mitte, nahm es in seine Arme und sprach zu ihnen: Wer ein solches Kind um meinetwillen aufnimmt, der nimmt mich auf; wer aber mich aufnimmt, nimmt den auf, der mich gesandt hat« (Mk 9,36).

Das Kind vertraut.
Das ist seine Armut: Es bedarf der Geborgenheit, die wir ihm geben.
Das ist seine Stärke: In seiner Nähe vergessen wir uns selbst.

Das Kind schließt sich nicht aus.
Allen Dingen ist es verschwistert. Nichts Schlimmeres gibt es, als ausgeschlossen zu werden. Deshalb lebt in ihm ein Schimmer des Himmels. Nur die Hölle ist Einsamkeit.

Das Kind liebt die Wiederkehr, den Rhythmus des Gleichen. Die Welt wird ihm durch Gewohnheit wohnlich. Und doch ist

Israelitische Kinder in Tiberias

jeder Tag wie ein Land, das noch kein Fuß betrat. Der unerwartete Fund kommt heute gewiß.

Das Kind schaut empor.
Die Schale seines Blicks ist nach oben geöffnet. Von dort kommen seine Erfüllungen. Es verschüttet noch nichts. Es denkt nicht daran, die Schale auszugießen, um aus eigenem anderes hineinzutun. Alles läßt es sich geben.

Das Kind leidet schnell.
Weil es sich noch nicht abschirmen kann, trifft jede Bosheit sein innerstes Herz. Aber es verzeiht ebenso rasch, wenn es die Bitte um Vergebung fühlt. Das zerrissene Band knüpft sich wieder neu.

Das Kind ist spontan.
Unmittelbar quillt aus seinem Schauen das Tun hervor wie aus einer Quelle das frische Wasser. Wenn es sich freut, hüpft es; wenn es liebt, umarmt es; wenn es sich langweilt, läuft es hinaus.

Jesus lebt wie ein Kind vor Gott.
Weil das Kind der anfangende Mensch ist, weil seine Türen noch nicht zugeschlagen und seine Räume voller Sehnsucht nach Wärme und Leben sind, deshalb möge jeder von uns so sein bis ins hohe Alter, ausgespannt auf das große Du, das uns ins Dasein rief und zu dem wir unterwegs sind.

Er sehnte sich nach Stille

Mk 6,30–32

Wenn der Leib ständig tätig ist, wird er müde.
Wenn der Geist unaufhörlich sich bewegt, wird er sorgenvoll.
Wenn der Mensch keine Stille mehr kennt und nicht mehr zu schweigen weiß, verliert er sich selbst. Bald hat er sich verloren.

Die Apostel versammelten sich wieder bei Jesus und erzählten ihm alles, was sie getan und gelehrt hatten.
Da sagte er zu ihnen: Kommt mit an einen einsamen Ort, wo wir allein sind, und ruht ein wenig aus!
Denn die Leute, die kamen und gingen, waren so zahlreich, daß sie nicht einmal Zeit zum Essen fanden. Dann fuhren sie mit dem Boot in eine einsame Gegend, um allein zu sein.

Die Jünger - soeben von ihrer ersten Verkündigungstätigkeit zurückgekehrt, zu der sie Jesus zu zwei und zwei ausgesandt hatte – waren des Erzählens und der Fragen voll. Wie alle Begeisterten hatten sie sich in die Arbeit gestürzt, ohne mit den Kräften hauszuhalten. Da lädt sie Jesus an einen einsamen Ort ein, zum Stillewerden, zum Beten, zum Überdenken der Erlebnisse. Der »einsame« Ort ist nach dem griechischen Text des Markus »wüstenähnlich«[4]

---

4 eremos = öd, wüst, leer; Öde, Wüste

Wüste!
Über mir der Himmel. Um mich herum der Wind. Ein paar Büschel Gras, eine vertrocknete Agave, ein Dornbusch. Endlos steigen die Hügel hinauf und hinab. Sand erschwert den Schritt.
Bleib stehen! Lausche!
Wieviele Arten von Stille es gibt: Stille des Sandes, Stille der Luft, Stille des Atems, Stille des Blicks, Stille des Inneren, Stille Gottes!
Breite Einsamkeit legt sich über dich wie ein zarter Schleier. Sie ergreift mit wohltuender Macht die zerstreute Seele.
Geh! Hole einen Beutel mit Brot und Datteln, eine Flasche Wasser, eine Bibel! Marschiere einen Tag lang! Suche eine Grotte!
Verweile!
Du änderst dich.
Abstand dehnt sich zwischen dem Jetzt und dem Gestern. Die Ahnung von Freiheit überkommt dich.
In dir erwachen die inneren Quellen und das Wissen vom Wesen des Menschen: »Was ist doch der Mensch, daß du seiner gedenkst?« (Ps 8,5).
Wie von selbst formen deine Lippen Gebete der Ehrfurcht und des Lobes.
In der Wüste werden Propheten geboren. Aus ihr kommen Menschen, deren Botschaft nicht schreit, nicht vergewaltigen will, die aber das Herz zur wahren Sammlung und Hoffnung ruft.

Wüste!
Hier erschaute Mose den Gott, dessen Name lautet: Immer-bei-euch-Immer-mit-euch (vgl. Ex 2,23-4,31).
Hier erkor sich Gott sein Eigentumsvolk (vgl. Ex 19,5).
Hier erlebte Israel, daß der Mensch nicht vom Brot allein lebt,

sondern von jedem Wort, das aus Gottes Mund kommt (vgl. Dtn 8,2-6).
Hier regnete Manna, hier entsprang aus dem Stein eine Quelle (vgl. Ex 15,22-17,7; 19,1-20).

In die Wüste führt Jesus seine Freunde, weil er selbst zutiefst mit ihrem offenbarenden Schweigen verwandt ist. Dort sollen sie schmecken und kosten, welche Kraft dem wahrhaft Hörenden zuströmt.

Wie arm ist, wer seine Wüste nicht hat mitten im Lärm unserer Zeit!
Ist er nicht ganz verraten,
nicht jeden Trostes entblößt,
weil in den schrillen Taten
nichts ist,
das uns erlöst?
Wir sind des lauten Treibens,
der hohlen Worte satt.
Zieh ein, du Klang des Schweigens,
das uns erschaffen hat.
Sei bei uns, starker Gott!
Sei bei uns, Herre Christ!
Es flieht die Not, der Tod,
wo du zugegen bist.[5]

---

5 In freier Anlehnung an ein Sonett von Bergengruen

Er betete

Mk 6,46; 1,35–38; 14,35–36

Wenn das Gebet immer andächtiger und innerlicher wird, macht es weniger und weniger Worte.
Zuletzt ist es ganz still. Dann ist der Beter zum Hörer geworden.
Gott darf sprechen.
Das Ziel ist erreicht.

Nachdem er sich von den Leuten verabschiedet hatte, ging er auf den Berg, um zu beten.–

In der Frühe, als es noch dunkel war, stand er auf und ging in eine einsame Gegend, um zu beten. Simon und die anderen, die bei ihm waren, eilten ihm nach. Als sie ihn fanden, sagten sie zu ihm: Alle suchen dich. Er entgegnete: Laßt uns von hier weg in die benachbarten Orte gehen; ich will auch dort predigen, denn dazu bin ich gekommen.-

Und er ging ein Stück weiter, warf sich auf die Erde nieder und betete, die Stunde solle, wenn es möglich wäre, an ihm vorübergehen.
Er sprach: Abba, Vater, alles ist dir möglich. Nimm diesen Kelch von mir! Aber nicht was ich will, sondern was du willst, soll geschehen.

Willst du beten wie Jesus,
geh von Zeit zu Zeit weg vom Jahrmarkt der Worte! Setze dich schweigend der Anwesenheit Gottes aus!

Kommen doch Worte, mach dir keine Sorgen. Es ist völlig gleich, ob du die Gebete der Kirche oder eigene sprichst, ob du Psalmen, Lieder oder Fürbitten nur in Gedanken oder vernehmlich redest. Nur das eine habe im Sinn: daß in dir eine einfache, tiefe Sehnsucht nach Gott erwacht. Ruhe im ungeteilten Bewußtsein, daß ER ist und daß du vertrauen kannst!
Sei gewiß, daß Gott die Mitte der Welt, die Mitte deines Seins ist. Du bist nicht getrennt von ihm. Er lebt in dir für andere. Vergiß aber nicht den Unterschied zwischen dir und ihm! Er ist deine Mitte, aber du bist nicht die seine. Er ist der Grund deines Lebens, aber du hältst ihn nicht im Dasein. Wie nichts Lebendiges ohne die Sonne sein kann, so kannst du nicht ohne ihn sein. Er bräuchte dich nicht, doch bist du in seine Hand geschrieben (Jes 49,16). Er kann dich nicht vergessen.
Versammle also dein Denken und Fühlen auf ihn und laß ihn sein, wer er ist:
Abba, Vater!
Dein Name werde geheiligt!
Dein Reich komme! (vgl. Lk 11,2)

Willst du beten wie Jesus,
lerne die Selbsthingabe! Selbsthingabe ist der Kern des wahren Betens.
Du weißt nicht, wie Gott dich führen wird. Nur eines ist sicher: Er wird dich immer zu den Menschen zurückbringen.

Willst du beten wie Jesus,
übe dich darin, deinen Tod zu bejahen! Vollziehe auch Entscheidungen, die keinen gesellschaftlichen Vorteil oder kein Lob einbringen! Bäume dich nicht auf gegen die Undurchschaubarkeit der tiefsten Menschenfragen!

Beten heißt: Gott über sich verfügen lassen, denn unser wahres Wesen liegt darin, daß wir uns nicht uns selbst verdanken. Jesus »betete ohne Unterlaß«, weil der Vater ständig durch ihn handeln durfte.
Warum das private und das liturgische Gebet heute so krank sind? Weil wir so leben, als könnten wir uns selbst erlösen. Erwarten wir nicht insgeheim den Tag, an dem uns nichts mehr unmöglich sein wird? Meinen wir nicht, daß der gewaltige Fortschritt einmal alle Grenzen sprengen könnte? Betrachten viele das Beten nicht als den Überrest einer unbewältigten Daseinsangst, die von früher übrig geblieben ist?
Doch der Beter hängt seine Ängste, Sorgen und Nöte, seine Hoffnungen, Freuden und Glückseligkeiten Gott nicht um, wie man eine Jacke einem Bügel umängt: »Gott sieh zu, wie du jetzt damit fertig wirst! Ich habe gebetet, ich bin alles los, ich habe mir Ruhe erkauft.« Welch eine Karikatur Gottes! Welch ein aufgeblasenes Menschenbild! Der wahre Beter findet in der Größe Gottes die Größe des Menschen.

Willst du beten wie Jesus,
lebe aus dem einen Wort, das dich begründet: »Du, Herr!«
Furchtlos und gestärkt wirst du dein Tagewerk vollbringen.

Er gebot dem See

Mk 4,35-41

Unser Leben gleicht einer Fahrt ans andere Ufer – des Mitmenschen, der Dinge, der Ereignisse, der Ideen. Täglich besteigen wir erneut das Boot des Erfolgs und der Enttäuschung, der Zuneigung und der Mißgunst, der Liebe und der Einsamkeit, des Tages und der Nacht.
Täglich ein Stückchen mehr nähern wir uns der anderen Seite.

Am Abend dieses Tages sagte er zu seinen Jüngern: Wir wollen ans andere Ufer fahren. Sie schickten das Volk weg und nahmen ihn in dem Boot, in dem er saß, mit; und andere Boote begleiteten ihn.
Plötzlich erhob sich ein heftiger Sturm, und die Wellen schlugen in das Boot, so daß es sich mit Wasser zu füllen begann.
Er aber lag im Heck des Bootes auf einem Kissen und schlief.
Sie weckten ihn und sagten zu ihm: Meister, kümmert es dich nicht, daß wir untergehen?
Da stand er auf und drohte dem Wind und sagte zu dem See: Schweig, sei still!
Und der Wind legte sich und es trat völlige Stille ein.
Er sagte zu ihnen: Warum habt ihr solche Angst? Habt ihr denn keinen Glauben?
Da ergriff sie große Furcht, und sie sagten zueinander: Was ist das für ein Mensch, daß ihm sogar Wind und Meer gehorchen?

Die Überfahrt begann wie viele, gewohnt – gewöhnlich. Hätte sie nicht dieser heimtückische Orkan überrascht, sie wären nicht

von Furcht und namenlosem Staunen vor Jesus gepackt worden. Gut, daß er hereinbrach!

Wie der gesamte Jordangraben liegt auch der See Gennesaret weit unter Meereshöhe. Minutenschnell kommen bisweilen Stürme auf, die das Wasser aufpeitschen. Solche Fallwinde entwickelt der Zusammenprall der aufgeheizten Atmosphäre über dem See mit den kühleren Luftmassen, die vom Meer her einströmen. Plötzlich packen die Wellen das Boot und schwappen Brecher auf Brecher herein. Was hilft das Rudern? Was soll das Steuern? Wie ein willenloses Holz tanzt das Schiffchen mit den zu Tode erschrockenen Männern auf den Wellen.

Jesus aber schläft im erhöhten Heck auf einem Kissen. So schlummert ein Kind in den Armen der Mutter – geborgen und furchtlos. »Wer in dem Schutz des Höchsten wohnt, wer ruht im Schatten des Allmächtigen, der spricht zum Herrn: Du bist mir Zuflucht und Burg, mein Gott, dem ich vertraue« (Ps 91,1f.).

Sie jedoch brüllen Befehle wild durcheinander. Jenes Chaos scheint sie verschlingen zu wollen, von dem es heißt, es mache die Erde wüst und leer und nur der Atem Jahwes fahre darüber hin (vgl. Gen 1,2).

Da werden Wasser und Sturm zu Vorboten des nahenden Todes. Wer jetzt noch schläft, wirkt wie der Feind, weil er seine Kraft für sich behält und sie nicht hergibt zur Rettung des Lebens. Und sie rütteln ihn, schreien: »Herr, kümmert es dich nicht, daß wir

See Gennesaret bei En Gev

ertrinken?« Darin schwingt Drohung und menschliche Krise.

Da steht er auf – beherrscht und gelassen – und spricht das Schöpfungswort: Verstumme, brüllender Wind! Schweig still, kochender See!
Wie sich ein keifender Hund – zur Ordnung zurückgepfiffen – zu Füßen des Herrn hinkuschelt, so legen sich Wind und See, als wäre nichts gewesen. Er hat sie angeherrscht wie die Dämonen, und augenblicklich verloren sie ihre Macht.
»Er sprach und es ward. Und er sah, daß es gut war« (vgl. Gen 1,5. 8. 10. 25).

Zu den Jüngeren gewendet, fragt er: »Wo ist euer Glaube?« Es klingt wie bei Johannes: »Solange schon bin ich bei euch, und ihr kennt mich immer noch nicht? Wer mich gesehen hat, hat auch Gott gesehen« (14,9).

Sie packt die Furcht und in namenlosem Staunen flüstern sie: Der da! Wem sind wir gefolgt? Mit wem fahren wir hinüber ans andere Ufer? Wer ist er, daß ihm sogar die Sturmdämonen gehorchen? Und wer sind wir, daß er gerade uns in seine Gefolgschaft berief?

Er ist's, der uns zum Vertrauen einlädt,
der uns ans andere Ufer begleitet,
der mitten unter uns lebt, wie schlafend und doch stark,
der den Tod überwand und auch uns das Leben erhält,
der uns Mut zuspricht, das Wagnis der Überfahrt fortzusetzen,
die andere Seite, ihn, im Blick.

Er handelte prophetisch

Mk 11,12–21

Sich selbst zum Maßstab machen,
erfolgreich sein,
andere überholen – das gilt viel.
Aber der Egoist gleicht einem kahlen Strauch in der Steppe.
Wer könnte von ihm eßbare Früchte sammeln?
Wer möchte in seiner Nähe wohnen?

Sich auf den Mitmenschen hinordnen,
Mutlose aufrichten,
Zeit haben für den Suchenden – das bringt wenig ein.
Aber der Liebende gleicht einem Baum, am Wasser gepflanzt.
Früchte bietet er zu jeder Zeit.
Allezeit wohnen Menschen in seinem Schatten (vgl. Jes 17,5-10).

Einst verfluchte Jesus einen Feigenbaum, der kein Früchte trug. Einst trieb er die Händler aus dem Tempel. Beide Male tat er kund, wer vor Gott bestehen wird.

Als sie am anderen Morgen Betanien verließen, hatte er Hunger. Da sah er von weitem einen Feigenbaum mit Blättern und ging hin, um nach Früchten zu suchen. Als er aber bei dem Baum war, fand er nur Blätter; denn es war nicht die Zeit der Feigenernte. Da sagte er zu ihm: In Ewigkeit soll niemand mehr eine Frucht von dir essen! Und seine Jünger hörten es.
Dann kamen sie nach Jerusalem. Jesus ging in den Tempel

und trieb die Händler und Käufer aus dem Tempel hinaus, er stieß die Tische der Geldwechsler und die Stände der Taubenhändler um und ließ nicht zu, daß jemand irgend etwas durch den Tempelbezirk trug. Er belehrte sie: steht nicht geschrieben: Mein Haus soll ein Haus des Gebetes für alle Völker genannt werden? Ihr aber habt daraus eine Räuberhöhle gemacht. Die Hohenpriester und die Schriftgelehrten hörten davon und suchten nach einer Möglichkeit, ihn umzubringen. Denn sie fürchteten ihn, weil das ganze Volk von seiner Lehre überwältigt war. Gegen Abend verließ er die Stadt.
Als sie am nächsten Morgen an dem Feigenbaum vorbeikamen, sahen sie, daß er bis an die Wurzeln verdorrt war. Da erinnerte sich Petrus und sagte zu Jesus: Rabbi, sieh der Feigenbaum, den du verflucht hast, ist verdorrt.

Ist es nicht sinnloser Zorn, unsinnige Tat, einen Baum zu verfluchen, der keine Früchte trägt – noch dazu im Frühjahr?
Wer so fragt, fragt falsch. Es geht im Text um Prophetie, um ein Tun, das Zukünftiges schon jetzt sichtbar macht (ähnlich schon bei Jes 20, 2–5; Jer 13,1–7; Ez 4,1–4; 5,1–4).
Betrachte einen Baum, dem der Saft abgegraben wird. Bald steht er verdorrt herum. Zu was taugt er? Hau ihn um und wirf ihn ins Feuer; er mache Platz für Neues!
Wie dem Baum wird es jenen ergehen, die ohne Früchte sind. Gottes Leben ist aus ihnen gewichen und ist in jene eingeströmt, die zur Umkehr bereit sind (vgl. Mt 21,42f.). Nur äußerlich gepflegte Frömmigkeit ist da nicht die Wende; allein der wahrhaft Glaubende wird bestehen. Wer sich auf den Herrn einläßt und sein Wort in sich umsetzt, wird leben. Jetzt ist »die Zeit erfüllt und das Reich Gottes ist nahe. Bekehrt euch und glaubt an das Evangelium« (Mk 1,15).

Ist es nicht sinnloser Zorn, unsinnige Tat, Tische umzustoßen, Taubenverschläge aufzureißen, die Tiere fliegen zu lassen, Käufer und Händler zu vertreiben – noch dazu im Vorhof des Tempels, wo jeder Handel treiben durfte?
Wer so fragt, fragt falsch. Es geht um Prophetie, um ein Tun, das Zukünftiges sichtbar macht.
Prachtvoll gebaute Kirchen bleiben totes Gestein, Kulturdenkmäler aus Stil und kostbarem Material. »Kein Stein wird auf dem anderen bleiben« (Mt 24,2), wenn die Zeiten sich ändern, der Geschmack sich dreht, wenn ein Krieg darüber rollt.
Unerschütterliches Gottvertrauen aber und die Bitte, der Wille des Vaters möge sich erfüllen, Barmherzigkeit, sittliche Umkehr, Erbarmen mit den Schwachen, brüderliches Verzeihen und Kreuzesnachfolge erbauen das Haus, in dem Gott wohnen kann.

Seht Jesus, den Propheten!
Wer zu ihm geht,
begegnet dem Lebensbaum der Menschheit,
dem Grundstein des wahren Tempels.
In ihm leuchtet uns das zukünftige Leben entgegen,
das heute schon beginnen will.

Hilf uns, Herr!

Zu einem erfüllten Leben,
das sich lohnt,
das heute noch anfangen kann,
das aufatmen läßt und befreit.

Zu den tiefen Veränderungen in uns,
damit wir Nacht als Nacht
und Licht als Licht erkennen.

Er ließ das Leiden an sich heran

Mk 5,21–34

Die Szene ist geläufig: Jesus inmitten einer Traube von Menschen. Jesus inmitten von Erwartungen und Anliegen, von zaghaftem Glauben und schlichtem Vertrauen, von Mißgunst und bohrendem Neid. Die Menschentraube schiebt ihn voran, drückt und preßt ihn vor die Orte ihrer Leiden: Herr, bitte, hier heile! Hier sprich ein Wort! Hier entscheide! Hier verdamme! Hier zeige, wer du bist! Und er läßt sie alle an sich heran; sieht in ihr Herz; deckt mit barmherziger Kraft ihre unsichtbaren Krankheiten auf, damit das Leben eindringe.

Er will, daß sie Leben haben, Leben in Fülle (vgl. Joh 10,10).

Während er noch am See war, kam ein Synagogenvorsteher namens Jairus zu ihm. Als er Jesus sah, fiel er ihm zu Füßen und flehte ihn um Hilfe an; er sagte: Meine Tochter liegt im Sterben. Komm, leg ihr die Hände auf, damit sie gesund wird und am Leben bleibt! Da ging Jesus mit ihm, gefolgt von einer großen Menschenmenge, die sich um ihn drängte.
Darunter war eine Frau, die schon zwölf Jahre an Blutungen litt. Sie war von vielen Ärzten behandelt und sehr geplagt worden und hatte dabei ihr ganzes Vermögen verloren; aber es hatte ihr nichts genutzt, sondern es ging ihr immer schlechter. Sie hatte von Jesus gehört. Nun trat sie im Gedränge von hinten an ihn heran und berührte sein Gewand. Denn sie sagte sich: Wenn ich auch nur sein Gewand berühre, werde ich geheilt.

Sofort hörte die Blutung auf, und sie spürte deutlich, daß sie von ihrem Leiden geheilt war.
Im selben Augenblick, als Jesus fühlte, wie eine Kraft von ihm ausströmte, wandte er sich in dem Gedränge um und fragte: Wer hat mein Gewand berührt? Seine Jünger sagten zu ihm: Du siehst doch, wie sich das Volk um dich drängt, und fragst: Wer hat mich berührt? Er aber blickte umher, um zu sehen, wer es getan hatte. Da kam die Frau, zitternd vor Furcht, weil sie wußte, was ihr geschehen war. Sie fiel vor ihm nieder und sagte ihm die ganze Wahrheit. Er aber sprach zu ihr: Meine Tochter, dein Glaube hat dir Heilung gebracht; geh in Frieden und sei von deinem Leiden geheilt.

Eine Frau ist in der Menschentraube, eine von Gott geschlagene und gestrafte Kreatur – wie man damals glaubte –, eine Kranke. Ihre Krankheit machte sie unrein. Vor Unreinen aber hüte man sich! Man meide sie wie die Pest! Sie verunreinigt jeden, der sie berührt. Die regelwidrigen Blutungen isolierten die Frau schon zwölf Jahre kultisch, gesellschaftlich und religiös. Sie war eine Ausgestoßene. Wehe ihr, wenn sie sich gegen das Verbot auf die Straße wagt und sich unter die Leute mischt!
Aber wo kann sie noch Heilung finden, wenn alle Ärzte versagten? Jesus ist ihre letzte Zuflucht. Ängstlich schiebt sie jedes Zögern beiseite. Nur dieser Wunsch beseelt sie: Gesund werden! Und sie faßt sein Gewand.

Das ist magischer Glaube, meinen die Fachleute der Theologie. Sie haben recht. Haben sie recht? Will sie im Gewand nicht Jesus selbst anfassen? Gewiß, der Synagogenvorsteher Jairus, der für seine sterbende Tochter bat, trat offen vor Jesus hin; hätte nicht auch sie offen und frei um die Heilung bitten müssen?

Doch ihre Angst macht sie linkisch und scheu. So naht sie sich von hinten, faßt heimlich das Kleid an. Selbst Jesus wird nichts merken bei diesem Geschiebe.

Jesus spürt das verborgene Begehren. Anders als die anderen, die ihn rempeln und stoßen, hat ihn die Kranke gefaßt. Er wendet sich um und sucht sie, die seine Kraft benutzte.
Er will ihr begegnen.
Sie hat Anteil an ihm gesucht und gefunden. Jetzt will er sie sprechen, damit sie ganz erfahre, wer er ist.
»Zitternd vor Furcht« kommt sie heraus aus der Namenlosigkeit der Menschenmasse. Warum nicht in übergroßer Freude? Fühlt sie sich schuldig? Ist da Schuld zu finden?

Unwillkürlich dehnt sich die Menschentraube zum Kreis auseinander, Jesus mit der Frau in der Mitte. Das Kraftfeld der Heilung und des Heils spannt sich vor aller Augen. Jetzt erst, in der Begegnung mit Jesus, bewältigt die Frau die Krise ihrer Krankheit. Jetzt erst bricht die Wahrheit ihres Lebens aus ihr heraus. Kniend bekennt sie ihren Wunsch nach innerer Heilung. »Meine Tochter«, spricht Jesus, »dein Glaube hat dir die Heilung gebracht.« Du bist wiederhergestellt. Mein Wort und dein bittendes Vertrauen zusammen brachten das neue Leben. Wer mir wahrhaft begegnet, findet sogar die Kraft zum lobpreisenden Glauben.

Bettelnde kranke Frau am Grab des Rabbi Meir in Tiberias. Dieser lebte im 2. Jahrhundert nach Christus und trägt den Beinamen Baalhaness, der Wundertäter. Kranke harren an seinem Grab oft jahrelang aus.

Er öffnete das Ohr und befreite die Zunge

Mk 7,32–37

Jener Taubstumme, von dem gleich die Rede sein wird, ist vielleicht in mancher Hinsicht beredter und hörender gewesen als viele von uns heute. Uns hat eine entsetzliche Gehörlosigkeit befallen, so daß wir zwar tausend Geräusche registrieren, aber selten die Stimme vernehmen, die uns meint. Millionenfach jagen wir Sätze um den Erdball und verbreiten Meinungen und Nachrichten, aber nicht die Menge des Gesprochenen befreit, sondern nur Worte, die aus tiefer Teilnahme am anderen kommen. Wie kann unser Ohr geöffnet und unsere Sprache befreit werden?

Da brachte man einen Taubstummen zu Jesus mit der Bitte, ihm die Hand aufzulegen. Er nahm ihn beiseite, von der Menge weg, legte ihm die Finger in die Ohren und berührte die Zunge des Mannes mit Speichel; dann blickte er zum Himmel auf, seufzte und sprach zu ihm: Effata, das heißt: Öffne dich! Da öffneten sich seine Ohren, und sogleich löste sich die Fessel seiner Zunge, und er konnte richtig reden. Jesus verbot ihnen, jemand davon zu erzählen. Doch je mehr er es ihnen verbot, desto mehr machten sie es bekannt. Außer sich vor Staunen sagten sie: Er hat alles gut gemacht; Tauben gibt er das Gehör und den Stummen die Sprache.

Eingemauert wie in einen schalldichten Raum scheint uns jeder Taubstumme. Kein verständliches Wort, keine Frage, kein Lied

dringt aus ihm heraus. Kein Laut huscht in ihn ein, kein Vogelruf, kein Wellengeplätscher, nicht das Geplapper eines Kindes. Stumm und taub – verschlossen wie in ein Grab.
Markus zeichnet den Kranken in seinem Bericht so verbindungslos, daß jener von sich aus nicht nach Heilung schreit, und so ohne Kontakt zu den anderen, daß die Mitmenschen sich seiner erbarmen, ihn zu Jesus geleiten und die Handauflegung erbitten, damit die Stummheit weiche und sich eine Straße bahne hin und her zwischen ihnen und ihm.

Jesus nimmt ihn aus ihrer Hand an.
Er nimmt ihn weg aus der Menge. Bis zu ihm haben ihn die Mitfühlenden, die Fürsprechenden gebracht, jetzt gehört er Jesus allein.
Seine Finger legt er ihm in die Ohren,
die Zunge berührt er mit Speichel.
Er schließt den Mann ein in sein »Seufzen«, in seinen Aufblick zu Gott, heißt das. Er trägt ihn empor: Hier, Vater, sind wir. Ohne ihn kannst du mich jetzt nicht wollen. Seine Stummheit ist meine Stummheit, sein verschlossenes Ohr ist das meine. Wie ich mich nun öffne für dich, so öffne auch seine Sinne!
Jesus, der Geöffnete vor Gott, zieht die Sinne des armen Menschen in seine Offenheit hinein: Effata! Öffne dich!
Und der Taube hört,
der Stumme spricht.
Entsiegelung der Quellen!
Durch Jesus auf die Straße gebracht zu den Menschen und zu Gott.
Wie geschieht das?

Jesus gibt Anteil an sich.

Er nimmt sich Zeit.
Er blickt an.
Er betet für ihn.
Er läßt sich betreffen.
Er schafft Raum zur Begegnung.

Wenn wir auch Dinge treiben müssen tagein tagaus, die weit fortführen vom lebendigmachenden Wort,
wenn auch die Erde, über die wir schreiten, zum Schweigen verdammt ist durch das harte Pflaster,
verkaufen wir nicht unser Ohr,
verkaufen wir nicht unseren zugewendeten Mund,
werden wir nicht Taubstumme!

Er offenbarte Gottes Erbarmen

Mk 2,14–17

Du brauchst neue Augen – einen längeren Atem – eine fröhlichere Hoffnung – und Gedanken der Zuneigung, damit dir aus dem Mitmenschen Gott entgegenleuchtet.

Als er weiterging, sah er Levi, den Sohn des Alfäus, am Zoll und sagte zu ihm: Folge mir! Da stand Levi auf und folgte ihm. Und als Jesus in seinem Haus beim Essen saß, aßen Zöllner und Sünder mit ihm und seinen Jüngern, denn schon viele folgten ihm nach. Als die Schriftgelehrten, die zur Partei der Pharisäer gehörten, sahen, daß er mit Zöllnern und Sündern aß, sagten sie zu seinen Jüngern: Warum ißt er mit Zöllnern und Sündern?
Jesus hörte es und sagte zu ihnen: Nicht die Gesunden brauchen den Arzt, sondern die Kranken. Ich bin gekommen, um die Sünder zu rufen, nicht die Gerechten.

Er wollte nicht die zu Gott heimrufen, die sich schon zuhause wähnten, sondern die Heimatlosen: die Betrüger, die Ausbeuter, die Gottlosen, alle, die ausgeschlossen waren von den Menschen. Seine Liebe brach auf, ihnen entgegen.

Die Pharisäer aber kannten nur einen Weg zum Heil: die eigene Leistung, die die Schuld abtragen soll. Wer das Gesetz nicht kennt, und wer es deshalb nicht halten kann, ist ein Sünder, selbst wenn er Reue und Glauben hat.

Vielleicht fielen im Streit mit Jesus auch Urteile wie diese: »Es gibt keine Familie, in der ein Zöllner ist, ohne daß sie alle Zöllner sind« oder »Mit Würfelspielern, Wucherern, Hirten und Zolleinnehmern hat kein anständiger Mensch Gemeinschaft«.[6]
Und ist Levi nicht ein Zolleinnehmer?
Also ist er ein Kumpan der Römer!
Bereichert er sich nicht am Gut armer Leute, denn er setzt die Höhe des Zolls an, ganz wie er will?
Also ist er ein Sünder und kann das Reich Gottes nicht erben!
Aus ihren Worten spricht die fragende Anklage: Warum beschmutzt du dich selbst, Jesus von Nazaret, wenn du mit diesem Levi verkehrst? Gäbe es nicht viele Tausende in Israel, die für religiöse Vorträge dankbar wären: die Rechtschaffenen, die ihr Brot ehrlich verdienen; die Gehorsamen, die die Gesetze gewissenhaft befolgen; die Wißbegierigen, die sich um das Verständnis des Gottesworts bemühen; die Frommen, die am Sabbat beten; die Tapferen. die Widerstand gegen die Römer leisten? Wende dich an sie! Stärke sie im Kampf für das Gute! Rüste sie moralisch auf! Du wirst Erfolg haben, und wir werden deine Freunde bleiben können.
So aber öffnest du der Lauheit Tür und Tor und verschleuderst jeglichen religiösen Ernst. Denn sie werden sich auf dich berufen, wenn sie sagen: Das Gesetz ist nicht so wichtig; der Sabbat ist nicht so wichtig; die kultische Reinheit ist nicht so wichtig. Wichtig ist nur, wie Gott von uns denkt.
Aber wir fragen dich, weißt du, wie der Allmächtige wirklich denkt? Wer kennt schon seine geheimsten Gedanken?

---

6 Vgl. J. Jeremias, Zöllner und Sünder: Zeitschrift für neutestamentliche Wissenschaft 30 (1931) 293-300.

Jesus, der Angegriffene, entgegnet ihnen:
»Braucht der Gesunde den Arzt oder der Kranke?
Bin ich gekommen, Gerechte zu rufen oder Sünder?«

Natürlich sah er die Sünden, auch Levis Schuld. Es schmerzte ihn der Neid der Menschen, ihre Habgier, die gemeine Rede, das falsche Zeugnis, die übertriebene Sorge um das Irdische, der Kampf um die ersten Plätze, der Meineid, die Heuchelei, die Unzucht, der Diebstahl, Mord und Totschlag, Ehebruch, Gotteslästerung (vgl. Mk 7, 21–23). Aber mit den Sündern hatte er Geduld und unendliches Erbarmen. Er rief und rief sie zurück zum Vater. Um der Sünder willen gab er sich selbst als Preis hin.

Doch wer kann Jesus verstehen ohne neue Augen, ohne fröhlichere Hoffnung und ohne den Glauben, daß Gott aus jedem Menschen leuchtet? Wird der ihn begreifen, der sich jene schattenlose Reinheit zuspricht, die Gott dem zu geben habe, der das Gesetz erfüllt? Beraubt er Gott nicht der Möglichkeit, an ihm barmherzig zu sein? Stößt er nicht den einzigen Gott, den es gibt, weit von sich: den Erbarmer?
Geblendete des gesetzlichen Vollkommenheitsdenkens! (vgl. Lk 18,9–14).

Du aber, setze dich ihm aus!
Biete dich ihm dar ohne Schutzpanzer der eigenen Verdienste!
Könntest du arm sein, dürfte er dich reich beschenken.
Fühltest du deine Krankheiten, könnte er sich als Arzt an dir erweisen.
Weil du sagst: Ich bin gesund, bleibt der Arzt deinem Hause fern.
Welche Einsamkeit!

Er sprach von Sünde frei

Mk 2,3–12

Während die vier Männer den Gelähmten auf der Bahre zu Jesus trugen, mag der gebetet haben:
Jahwe, Gott! Ich wage nicht zu hoffen, daß ein Wunder geschieht; ich will dich auch nicht versuchen. Ich meine, daß mein Leben so weiter geht, eingeschnürt in die bewegungslosen Glieder.
Aber sie, meine Träger, gerührt von meiner Armseligkeit, redeten zuversichtlich: Wir bringen dich zu Jesus von Nazaret. Er kommt nach Kafarnaum. Er kann heilen. Er wird dich heilen.
Da willigte ich ein. Aber es gibt sicher eine Enttäuschung für sie und mich.
Blicke mich doch an! Viel Hader ist in mir wider die Gesunden, ihre brauchbaren Arme und Beine. Viel Hader bohrt in mir auch gegen dich. Warum bin ich gelähmt? Ist in mir eine unaussprechliche Sünde, daß ich zu nichts taugen darf? So gelähmt wie mein Leib ist meine Hoffnung. Wie eine Mumie tragen sie mich, wie eine atmende Mumie.
Eine Bitte jedoch habe ich: Vergilt meinen Trägern das Gute, das sie an mir tun wollen.

Da brachte man einen Gelähmten zu ihm, der von vier Männern getragen wurde. Weil sie ihn aber wegen der Volksmenge nicht bis zu Jesus bringen konnten, deckten sie dort, wo er war, das Dach ab und ließen den Gelähmten auf seiner Tragebahre durch die Öffnung hinab. Als Jesus ihren Glauben sah, sagte er

zu dem Gelähmten: Mein Sohn, deine Sünden sind dir vergeben. Einige Schriftgelehrte aber, die dort saßen, dachten im stillen: Wie kann dieser Mensch so reden? Er lästert Gott! Wer kann Sünden vergeben außer Gott?
Jesus merkte, was sie dachten, und sagte zu ihnen: Warum hegt ihr solche Gedanken? Ist es leichter, zu dem Gelähmten zu sagen: Deine Sünden sind dir vergeben, oder zu sagen: Steh auf, nimm deine Tragbahre und geh umher?
Ihr sollt aber erkennen, daß der Menschensohn die Vollmacht hat, auf der Erde Sünden zu vergeben. Und er sagte zu dem Gelähmten: Ich sage dir, steh auf, nimm deine Tragbahre und geh nach Hause!
Der Mann stand sofort auf, nahm seine Tragbahre und ging vor aller Augen weg. Da waren alle außer sich; Sie priesen Gott und sagten: So etwas haben wir noch nie gesehen.

Ein einziges Wort nur, und die starren Glieder gehorchen. Der Gelähmte trägt seine Bahre davon.
Vollständiger vermag der Umschwung von Getragen-Werden und selber Tragen, von hilfloser Lähmung und freier Bewegung, von erstarrter Hoffnung und preisender Freude nicht geschildert zu werden. Doch in der Tiefe geschah mehr. Sünden wurden vergeben.

Offensichtlich schob Markus das Streitgespräch der Schriftgelehrten in den Wunderbericht ein. Dadurch veränderte er den Akzent und den Inhalt des Stücks. Schwerer, als einen Gelähmten zu heilen, ist es, Sünden zu vergeben. Solches vermag nur Gott. Ein Mensch kann es nicht. Wie richtig die Schriftgelehrten urteilen! Also ist Jesus ...?
Er kommt von Gott. Er spricht Worte, die nur Gott sprechen darf,

Worte, die das Leben verändern, außen, innen. Sein Wort bewirkt, was er sagt. Zeichenhaft bricht mit ihm die neue Zukunft der Welt ein. Erstarrtes flieht, Unrecht weicht, Hoffnung öffnet ihre Tore. Jesus ist Bote der kommenden Welt. Seht die Zeichen!

Bote der kommenden Welt! Seht die Zeichen!
Was soll der Blick in die Zukunft? Vertröstung, Ablenkung vom Heute, Zeichen helfen wenig.
Was soll der Blick in die Vergangenheit? Heute leben wir. Heute müßten wir etwas von der Entfesselung und der Befreiung spüren, die der Glaube schenkt. Heute müßte die erlöschende Hoffnung aufstehen. Heute müßte Sündenvergebung als schwerer gelten denn Kranke zu heilen. Doch jeder meint, einen Kranken heilen ist unvergleichlich wunderbarer als Sündenvergebung zu behaupten.
Denken wir nicht so?
Also ist auch unser Glaube in Frage gestellt.

Läßt er sich tragen?
Tragen, von wem?
Von der Gemeinde – vom Wort der Schrift – von der Begegnung mit den Brüdern – vom Liebesdienst anderer – von der Vergebung im Sakrament.
Tragen, wohin?
Hin zur Bitte: Vergib uns unsere Schuld! Laß mich meine Schuld sehen! Laß sie mich nicht mehr mit modernen Tricks wegdiskutieren! Laß mich fähig werden, dich Herr, in dem Wort zu erkennen: »Deine Sünden sind dir vergeben.« Du bist der einzige, bei dem ich Fehler machen darf, ohne hinausgeworfen zu werden. Danke!

Er gab ihnen Speise

Mk 6,32–44

Es ist, als weinten wir Menschen steinerne Tränen bei all der Mühe und Hetze des Lebens, bei all dem Gerenne nach Erfolg und Verdienst, bei all dem vermehrten Besitz – Tränen, die nicht lösen und befreien, Tränen die nicht wie eine lebendige Quelle die verkrustete Erde aufstoßen und durchtränken.
Wenn aber einer uns liebt, wenn einer an uns festhält, wenn einer uns begleitet, wenn einer uns auf den verborgenen Schatz im Acker des Lebens hinweist, atmen wir auf, öffnen wir uns, entkrampft sich die innere Verkrustung, sehen wir wieder etwas vom Sinn des Daseins.

Sie fuhren mit dem Boot in eine einsame Gegend, um allein zu sein. Aber man sah sie abfahren, und viele hörten davon; sie liefen zu Fuß aus allen Städten dorthin und kamen noch vor ihnen an. Als er ausstieg und die vielen Menschen sah, hatte er Mitleid mit ihnen; denn sie waren wie Schafe, die keinen Hirten haben. Und er lehrte sie vieles.
Am Abend kamen seine Jünger zu ihm und sagten: Der Ort ist abgelegen, und es ist schon spät. Schick sie weg, damit sie in die umliegenden Gehöfte und Dörfer gehen und sich etwas zu essen kaufen. Er erwiderte ihnen: Gebt ihr ihnen zu essen! Sie sagten zu ihm: Sollten wir weggehen, für zweihundert Denare Brot kaufen und es ihnen geben, damit sie zu essen haben? Er entgegnete: Wie viele Brote habt ihr? Geht und seht nach! Sie taten es und berichteten: Fünf, und zwei Fische.

Da befahl er den Leuten, sich in Gruppen ins grüne Gras zu setzen. Und sie setzten sich in Gruppen zu hundert und fünfzig. Da nahm er die fünf Brote und die zwei Fische, blickte zum Himmel auf, sprach den Segen, brach die Brote und gab sie den Jüngern, damit sie sie an die Leute austeilten. Auch die zwei Fische ließ er unter alle verteilen. Und alle aßen und wurden satt. Und als man die Reste der Brote und der Fische einsammelte, wurden zwölf Körbe voll. Es waren fünftausend Männer, die von den Broten aßen.

Viele waren es schon damals, die insgeheim mehr vom Leben erhofften, als sich mit Geld kaufen läßt. Viele sind es heute, die weglos umherirren zwischem dem Beton der technischen Welt. Mach deine Augen auf und sieh!
Auf ihrer Stirn stehen scharfe Falten. Ihre Augen schweifen ruhelos. Ihre Mundwinkel sind zusammengepreßt. Ihre Finger vollführen ein Trommelfeuer auf der Tischplatte. Sensationen erwarten sie, immer Neues, Nervenkitzel. Tausende strömen zusammen aus allen Städten, und lange vor Beginn der Veranstaltung sind die Plätze gefüllt. Die Lärmtrompeten des Nichts zerstören ihre Seele. »Was aber nützt es dem Menschen, wenn er die ganze Welt gewinnt?« (Mk 8,36).

Hat sich etwas geändert?
Warum sollte sich etwas geändert haben seit damals?
Doch des Nachts, wenn der Lärm verklingt, oder im Alter, wenn das Leben verrauscht ist, oder im Krankenzimmer, wenn die Schmerzensuhr tickt, steigen die Fragen hoch, die so lange nicht atmen durften: Warum gerade ich? Und wohin geht die Reise? Und welchen Sinn hat das Leben? Und was ist der Mensch? Erschrocken ist da mancher über sich selbst und

sehnt sich nach einer anderen Speise als der seines bisherigen Lebens. Läßt sie sich finden?

Schafe ohne Hirten!
Weinende mit steinernen Tränen!
»Und er erbarmte sich ihrer und fing an, sie vieles zu lehren.«

Wahrhaftig, vieles gibt es da zu lehren.
Zuerst einmal müssen wir erkennen, was wir überhaupt suchen.
Manche sind blind durch den Irrsinn der Eile – ins Nirgendwo.
Sodann brauchen wir erleuchtete Worte, die uns zeigen, wie wir leben sollen, damit wir erfüllt sind.
Über die gesündeste Nahrung unterwegs muß gesprochen werden;
über das Aufspüren der sprudelnden Quellen;
über die Gefahren und dunklen Schluchten;
über die Wanderstäbe in gebrechlichen Tagen;
über die wahre Freude;
über gute und böse Weggenossen;
über den Umgang mit dem Unsichtbaren – besonders darüber.
Schließlich und immer wieder müssen wir Zuversicht schöpfen, weil wir gewollt sind, weil wir gebraucht werden, weil wir nicht ins Namenlose tauchen, wenn wir sterben. (Vgl. zum Ganzen Ps 23.).

Erstaunt und erschüttert zugleich sehen wir, wie sich unsere innere Wüste langsam mit saftigem Grün überzieht, wie wir aufatmen und zu leben anfangen. Der ganze Mensch wird neu, auch der leibliche. Zwar »lebt der Mensch nicht vom Brot allein, sondern von jedem Wort, das aus dem Munde Gottes kommt«

(Dtn 8,3), aber er lebt auch vom Brot. Und weil es heißt: »Sucht zuerst das Reich Gottes und seine Gerechtigkeit, und alles andere wird euch dazugegeben werden« (Mt 6,33), so schließt Markus seinen Bericht mit einer wunderbaren Speisung. Den Hörern wird ein Tisch gedeckt.

Jesus nimmt die fünf Brote und die zwei Fische – was ist das für so viele? –,
blickt zum Himmel auf,
preist den Vater,
bricht die Brote,
läßt sie austeilen.
»Und alle aßen und wurden satt«, alle Hörer des Wortes.
Und es blieben noch zwölf Körbe mit Speise zurück, für jeden der zwölf Stämme einer.

Blitzartig enthüllt sich, wer Jesus ist: Hirte der Herzen, Hirte des Leibes, Hirte des äußeren und inneren Menschen.
Fülle der Zeit!
Die Mannaspende ist zurückgekehrt.
Neues Volk entsteht.
Keine steinernen Tränen mehr, »denn er wird jede Träne aus ihren Augen wischen, und der Tod wird nicht mehr sein, noch Trauer, noch Klage, noch Schmerz« (vgl. Offb 21,4-7).
Nicht mehr führen Blinde Blinde am Ziel vorbei.
Er ist der Weg (Joh 14,6).

Weil Gott in Jesus sich naht, werden wir Speise haben zur rechten Zeit.
Wir?
Immer?

Auch in Kalkutta und Sibirien und Auschwitz?
Dürfen wir uns trösten mit Hoffnung?

Herr, gib uns Speise zur rechten Zeit!
Herr, gib, daß wir Speise nicht verweigern zur rechten Zeit!
Allen!

Er rief auf den Weg

Mk 10,46–52

Blindenheilungen spielen in den Evangelien eine wichtige Rolle.
Nicht nur weil Blinde die Not ständiger Dunkelheit zu ertragen haben, nicht nur weil sie auf die Almosen barmherziger Menschen angewiesen waren, nicht nur weil die vielen Augenkrankheiten im Orient wenig Aussicht auf Heilung hatten, nicht nur weil Blinde nach rabbinischer Auffassung von Gott gezeichnete Sünder waren und keinen Anteil am Himmelreich besaßen, sondern weil die Blinden Jesus, das Licht, nicht sehen konnten.
Deshalb vermochte ein Blinder Symbol für die Menschen zu sein, die neben den Wegen des Glücks sitzen, die keinen Ausweg mehr finden, die kein Ziel und keinen Sinn mehr entdecken, die den Mut verloren haben zu laufen.

Doch seht jenen Blinden!
Er schaute mehr als viele Sehende sehen.

Als Jesus mit seinen Jüngern und einer großen Menschenmenge Jericho verließ, saß an der Straße ein blinder Bettler, Bartimäus, der Sohn des Timäus. Wie er hörte, daß es Jesus von Nazaret war, rief er laut: Sohn Davids, Jesus, hab Erbar-

Wadi Qelt, durch das der Weg von Jericho nach Jerusalem führt.

men mit mir! Viele wurden ärgerlich und befahlen ihm zu schweigen. Er aber schrie noch viel lauter: Sohn Davids, hab Erbarmen mit mir! Jesus blieb stehen und sagte: Ruft ihn her! Sie riefen den Blinden und sagten zu ihm: Hab keine Angst, steh auf, er ruft dich!
Da warf er seinen Mantel ab, sprang auf und ging zu Jesus. Und Jesus sagte zu ihm: Was soll ich dir tun?
Der Blinde antwortete: Rabbuni, ich möchte wieder sehen können.
Jesus sagte zu ihm: Geh! Dein Glaube hat dich geheilt. Im gleichen Augenblick konnte er sehen, und er folgte ihm auf seinem Weg.

Nach außen hin blind, nicht aber nach innen, saß Timäus am Rand der Straße. Neben dem Weg, neben den Möglichkeiten seiner eigenen Füße mußte er sitzen, eine arme, uninteressante Randerscheinung. Viele kamen und gingen an ihm vorbei. Er hörte sie gut! Almosen erbat er von ihnen – das durfte er, das sollte er. Sich seinetwegen Verdienste zu erwerben, dazu war er geboren. War er dazu geboren?

Er war – wie wir alle – geboren für das Licht und die Hoffnung.

Täglich rief er den Vorübergehenden zu: Gebt mir euer Erbarmen! Erwerbt euch Verdienste! Gebt mir teil an eurem Weg und eurem Licht, an eurem Glück! Immer wieder durchbrach er die schwarze Nacht der Augen mit seiner Stimme: Wer geht vorbei; nur Menschen in Sorgen, mit sich selbst befaßt?

So rief er auch an jenem Tag, an dem sie ihm sagten: Jesus von Nazaret zieht daher. Da sprang ein anderer Klang in ihm

auf, eine hoffende Zuversicht, ein vertrauender Glaube, und laut schrie er: »Sohn Davids, Jesus, erbarme dich meiner!« Und noch einmal, viel durchdringender und wie zum Trotz gegen den Befehl zu schweigen: »Sohn Davids, Jesus, erbarme dich meiner!«
Getroffen vom Schrei, betroffen vom Elend, erschüttert vom Glauben des Blinden ließ Jesus ihn kommen: »Ruft ihn her« auf meinen Weg!
Sie sagten es ihm. Sie machten ihm Mut: wenn du auf seinen Weg kommst, schrick nicht zurück! Ein neuer Anfang winkt, ein zielgerichtetes Leben beginnt.
Er warf den Mantel ab – die Hülle seines blinden, weglosen Lebens – sprang auf, stand, und schritt Jesus entgegen.

So begegneten sich Jesus, das Licht, und Bartimäus, das suchende Dunkel. Seltsam nüchtern entspann sich das Wort: »Was soll ich dir tun?« – »Ich möchte sehen, Rabbuni.«
Wie eine Kurzformel des Glaubens mutet das an: Du Licht vom Licht, schenk mir das Licht!
Aber was nützt das Licht ohne den Weg? Du brauchst auch den Weg.

Beides ward ihm zuteil. »Im gleichen Augenblick konnte er sehen, und er folgte ihm auf dem Weg.« Jesus aber war unterwegs nach Jerusalem, der Stadt seines Todes, der Stadt seines Sieges. Auf diesem Weg folgte er ihm nach.

Bartimäus, der Sohn des Timäus, zeigt, welche Schritte zu Christus führen:
Der erste muß uns zur Einsicht geleiten, daß und wo wir im Dunkeln tappen und neben dem Weg leben. Sodann brauchen

wir den Mut, laut und ohne Ermüden um die rettende Begegnung zu bitten: Sohn Davids, Jesus, erbarme dich meiner! Auch sollen wir uns nicht scheuen, die Hilfe anderer in Anspruch zu nehmen und das Zeugnis ihrer Hoffnung anzuhören, damit unser Herz entbrennt und wir es wagen, den Mantel auszuziehen und das Hemmende von uns zu tun.
So vorbereitet, wird Jesus uns rufen; die Augen öffnen; den Weg zeigen; Nachfolge schenken.
Vertraue, wenn er dir sagt: »Dein Glaube rettet!« Vertraue dem Weg, der er ist!

Bleib uns barmherzig, Herr!

Denn wir dürfen nicht damit rechnen,
daß Gott durch ein atemberaubendes Wunder
das Böse und das Leiden
aus der Welt treibt.

Dein Kreuz zeigt,
daß wir auch weiterhin
in der Versuchung stehen werden,
auf dem Rücken anderer unser Holz zu spalten.

Er wurde offenbar im Leiden

Mk 8,81–33

Wer Jesus eigentlich war,
wurde offenbar in seinem Leiden.

Die Jünger hatten viel Wunderbares gesehen, hatten siegreich ausgehenden Streitgesprächen zugehört, hatten wie gebannt lauschende Menschen erlebt. Das hatte ihre eigenen Wünsche und Zukunftsträume beflügelt und genährt. Doch eines Tages zerbrachen diese schimmernden Vorstellungen. Jesus sprach von seinem Leiden.
Sein Leiden würde ihnen zeigen, wer er ist.
An ihren Leiden würden sie gewahr werden, wozu sie berufen sind: »Das Kreuz zu nehmen und nachzufolgen« (Mk 8,34).

Dann eröffnete er ihnen, der Menschensohn müsse vieles erleiden und von den Ältesten, Hohenpriestern und Schriftgelehrten verworfen werden; er werde getötet werden, aber nach drei Tagen auferstehen. Und er redete in aller Offenheit darüber.
Da zog ihn Petrus beiseite und machte ihm Vorwürfe. Jesus wandte sich um, sah seine Jünger an und wies Petrus mit den Worten zurecht: Weg mit dir, Satan! Denn du hast nicht das im Sinn, was Gott will, sondern was die Menschen wollen.

Jesu Lebensgeschichte ist keine ungebrochene Erfolgsgeschichte gewesen. Im Gegenteil. Schon in den ersten Lebenstagen begann der Leidensweg, der sich bis zur Passion steigerte: leiden, verworfen werden, getötet werden.

»Der Menschensohn muß vieles erleiden.«
Leiden ist mehr als Schmerzen ertragen. Es heißt hier: einsam werden, mißverstanden sein, am Schicksal Gottes unter den Menschen teilnehmen.
Mit unseren Augen betrachtet, schreitet Gott in dieser Welt viel zu wenig von Sieg zu Sieg, eher von Niederlage zu Niederlage. So schwach scheint er zu sein, daß selbst ein Halbwüchsiger über ihn witzeln darf. Und vermögen wir zu verstehen, daß in Leid, Verwerfung, Verrat und Untergang Jesu sich ein Sieg Gottes anbahnt?

In Petrus scheinen sich unsere Gedanken abzuspielen, als er Jesus bedrängt, von diesem Vorhaben Abstand zu nehmen: Gott kann das nicht zulassen, daß sein treuer Zeuge erbärmlich zusammengeschlagen wird; Gott wird eingreifen. Du darfst das nicht denken, daß er dein Leben braucht, um sich als Herr des Lebens zu erweisen. Wenn er aber tatenlos zusieht, so ist er nicht wert, daß man sich für ihn einsetzt. Dann gibt es nur einen Beweis mehr in der Menschengeschichte, daß »der Soldatenstiefel, der polternd einherstampft« (Jes 9,4), mächtiger ist als Gott. Dann wären Gehorsam gegen seinen Willen und Güte gegen den Menschen Wechsel, die er selbst nicht decken kann.

Jesus fährt Petrus vor den anderen Jüngern hart an und nennt ihn »Satan«, Versucher: Du weißt nicht, wer Gott ist. Das Leiden wird mich nicht abhalten, dem Vater zu vertrauen bis in den Tod. Sein Vorhaben ist wichtiger als mein Leben. Trotz meiner Leiden ist er gütig und reich an Huld und Treue.

Die Begegnung zwischen Jesus und Petrus ist wie ein Duell zweier Welten.

»Der Menschensohn muß verworfen werden.«
Verwerfung, das heißt: Ehrentzug, Verdammung und also Geringschätzung und Verachtung. Sie steigern das Leiden, weil es ehrlos getragen werden muß. Wer als Ehrloser leidet, findet keinen Tröster. Daß »geteiltes Leid halbes Leid ist«, trifft auf ihn nicht zu. Er verdient kein Mitleid und bekommt auch keines. Wie ein Berg drückt die Tatsache, daß die Ältesten, der Laienadel, Jesus verwerfen; daß die Hohenpriester, in deren Händen der Tempelkult und die restliche politische Macht lagen, daß die Schriftgelehrten, die hochangesehenen Verteidiger des Gesetzes, Jesus verurteilten.
Unsere Gedanken scheinen sich in Petrus abgespielt zu haben, als er Jesus riet, dem Leiden Paroli zu bieten: Das darfst du nicht zulassen, du mußt dich rechtzeitig in den Besitz politischer und religiöser Macht bringen, du mußt ihnen zuvorkommen, sie schachmatt setzen, du mußt das Volk zuhilferufen. Das Volk steht auf deiner Seite. Gegen das Volk sind sie machtlos. Zähneknirschend werden sie vor dir stramm stehen.

Jesus betitelte Petrus mit »Satan«: Du kennst Gott nicht. »Gott wird den Stein, den die Bauleute verworfen haben, zum Grundstein machen. Durch den Herrn wird das geschehen. Es wird wunderbar in unseren Augen sein« (Ps 118,22 f; vgl. mit Mk 12,1-10). Gott allein kann das Geheimnis der Bosheit zum Heil wenden (vgl. 1 Petr 2,6-8; Jes 28,16).

Die Begegnung zwischen Jesus und Petrus ist wie ein Duell zweier Welten.

»Der Menschensohn wird getötet werden und nach drei Tagen auferstehen«.

Wer Leiden, Verwerfung und Tod Jesu ernst nimmt, der kann die Auferstehung nicht erwarten, noch viel weniger sie als vorausgeplantes happy end des Abenteuers »Jesus von Nazaret« betrachten. Er kann nur völlig überrascht und ratlos sein. Daß Gott zu einem Leidenden steht, falls dieser ein vorbildlicher Gerechter war, das geht noch in fromme Köpfe; daß er aber einen auf den Schindanger der Stadt Gestoßenen und von der obersten religiösen Behörde Verurteilten bejaht, das träumt nicht einmal einer – das ist völlig neu. Einen solchen Gott hat es noch nicht gegeben, wie er sich im Lebensweg des leidenden Nazareners offenbart.

Nun wird klar, wer Jesus ist:
in Leiden Freiheit,
in Verwerfung Gnade,
im Tod das Leben.

Und es gibt nur eine ernstzunehmende Versuchung, die uns befallen kann: Gott das Mißtrauen anzukündigen, wenn er mit uns dunkle Wege geht.

Petrus, der die Kirche darstellt, steckt immer wieder in der Bedrohung, das Kreuz abzuwerfen, um sich den Brokatmantel weltlicher Macht und Ehre umzulegen. Er muß sich das Wort gefallen lassen: Satan.

Die Begegnung mit Jesus ist wie ein Duell – für uns alle.

Er gibt sich im Mahl

Mk 14,12–16. 22–25

Stehimbiß: Kommen – Tablett nehmen – wählen – bezahlen – Platz suchen – Nahrungszufuhr – schnell – für sich – satt – gehen.

Mahl: Eingeladen werden – sich herrichten – Vorfreude – Erwartung – Gast – Gäste – geschmückter Tisch – angebotener Platz – Gespräche herüber und hinüber – Lachen – vertraute Gemeinschaft – Verbundenheit.

Mahl – Inbegriff des Lebens, der Freude, des Friedens, der Zusammenführung von Getrenntem, des Festes. Leben stärkt sich an den Quellen, füllt und erfüllt sich in dankbarem Genießen.
Mahl – einst gab es Mähler für die Gottheit. Lämmer wurden zu ihrer Ehre geschlachtet, Früchte geopfert, Psalmen gesungen, Gebete gesprochen. Das Mahl war Symbol des Bundes und der Hoffnung.
Mahl – Vermächtnis Jesu an seine Jünger.

Am ersten Tag der Ungesäuerten Brote, an dem man das Paschalamm schlachtete, sagten seine Jünger zu Jesus: Wo sollen wir das Paschamahl zubereiten? Da schickte er zwei

Paschafeier in Jerusalem. Der Hausvater erhebt das Brot, der Becher mit Wein steht vor ihm.

seiner Jünger voraus und sagte zu ihnen: Geht in die Stadt; dort wird euch ein Mann begegnen, der einen Wasserkrug trägt. Folgt ihm, bis er in ein Haus hineingeht; dann sagt zu dem Herrn des Hauses: Der Meister läßt fragen, wo ist der Raum, in dem ich mit meinen Jüngern das Pascha essen kann? Und der Hausherr wird euch ein großes Obergemach zeigen, das schon für das Festmahl hergerichtet und mit Polstern ausgestattet ist. Dort bereitet alles für uns vor!
Die Jünger machten sich auf den Weg und kamen in die Stadt. Sie fanden alles so, wie er ihnen gesagt hatte, und bereiteten das Paschamahl vor.
Als es Abend wurde, kam Jesus mit den Zwölf... Während des Mahls nahm er Brot, sprach den Segen, brach es und gab es ihnen mit den Worten: Nehmt, das ist mein Leib. Dann nahm er einen Becher, sprach das Dankgebet, reichte ihn den Jüngern, und sie tranken alle daraus. Und er sagte zu ihnen: Das ist mein Blut, das Blut des Bundes, das für viele vergossen wird. Amen, ich sage euch: Ich werde nicht mehr von der Frucht des Weinstocks trinken, bis zu dem Tag, an dem ich von neuem davon trinken werde im Reich Gottes.

Die Freude darüber, daß Gott in Ägypten die Erstgeburt der Israeliten geschont und das Volk aus der Gewalt des Pharao befreit hatte, die Freude darüber, das Israel Gottes Bundesvolk war und Gott treu zu seinem Volke hielt, bestimmte den Charakter des Paschamahles (vgl. Ex 12,14). Es war ein Gedächtnismahl, eine Dankfeier. Sie verlief nach strengen Regeln.

Mindestens zehn Teilnehmer mußten sich zusammengefunden haben zu feierlicher Tischgemeinschaft in irgendeinem Raum auf Jerusalemer Stadtgebiet. Ungesäuerte Brote und Bitterkräu-

ter waren einzukaufen (Ex 12,8), dazu eine Schüssel mit rotem Mus zur Erinnerung an den roten Lehm, den die Vorväter in der Knechtschaft zu Ziegeln zu verarbeiten hatten. Für genügend Wein war zu sorgen und nicht zuletzt für das Paschalamm, das vorher im Tempel geschlachtet und dann nach Sonnenuntergang verzehrt werden mußte. Eine Menge Arbeit also.
Daß sich bereits bei diesen Vorbereitungen die Voraussagen Jesu genau erfüllen, ist von Markus bewußt erzählt. Jesus ging mit klarem Wissen und Vertrauen auf Gottes Fügung in die letzte Stunde. Er wird vom Tod nicht überrascht.

Der Erste Becher Wein und der Genuß der Bitterkräuter eröffnete das Mahl. Während des Zweiten Bechers hatte der jüngste Teilnehmer den Vorsitzenden zu fragen, was diese Feier bedeute, und er wurde belehrt, daß man in dem Mahl alljährlich daran denke, daß Gott sich das Volk Israel zum Eigentumsvolk bestimmt hatte; daß Gott in der Endzeit Freude und Jubel hereinbrechen lassen würde in unsere Welt der Tränen und der Not. Die Unterweisung schloß mit Psalmengesang.
Nun erst begann das Sättigungsmahl. Diener kamen mit Wasserschüsseln zur Handwaschung. Johannes berichtet, daß Jesus seine Jünger selbst gewaschen habe (13,1-11). Anschließend nahm der Vorsitzende das Brot, sprach darüber den Segen, brach es entzwei und reichte die Stücke den Anwesenden. Nun wurde das gebratene Lamm serviert. War es verzehrt, kamen die Diener zur neuerlichen Waschung. Die Mahlgemeinschaft schloß mit dem »Segensbecher«. Der Vorsitzende hob ihn empor, sprach den Segen und reichte ihn zum Trinken.

An zwei Stellen hat Jesus den alten Ritus durchbrochen. »Er nahm das Brot und sprach den Segen darüber«. Dieser Segen durfte frei formuliert werden. Jesus wird seine Verbundenheit mit dem Willen des Vaters und seinen Jüngern ausgedrückt haben. Anschließend brach er die große, flache Brotscheibe und gab jedem ein Stück. Nach jüdischer Denkweise bekamen alle, die ein Brotstück empfingen und aßen, Anteil an dem Segen, der darüber gesprochen worden war. Hier spricht Jesus die »Einsetzungsworte«. Ähnlich ist es beim »Segensbecher«.

Die nachösterliche Gemeinde erkannte dieses Mahl als Sakrament, als sinnenhaftes Zeichen ihrer Verbundenheit mit Jesus und untereinander. Es wurde das Stiftungsmahl der Kirche. Immer sollte der Neue Bund gegenwärtig bleiben, der durch Kreuz und Ostern geschlossen wurde.
Es erfüllte sich die Verheißung des Propheten: »Siehe, es kommen Tage, da werde ich mit dem Haus Israel einen neuen Bund schließen. Nicht wie der Bund, den ich mit ihren Vätern geschlossen habe, damals, als ich sie bei der Hand nahm und aus dem Land Ägypten herausführte. Diesen Bund – meinen Bund – sie haben ihn gebrochen, obwohl ich ihr Herr war, spricht Jahwe. Das ist der Bund, den ich mit den Haus Israel in jenen Tagen schließen werde: Ich werde mein Gesetz in ihr Inneres legen und ihnen ins Herz hineinschreiben, und ich werde ihr Gott sein und sie werden mein Volk sein« (Jer 31,31–33).

Jesus, der überlegene Gastgeber, war damals zugleich der bis in seine Tiefen Aufgerissene. Er hungerte nach Gleichgesinnten. Er gab Anteil an sich ohne Vorbehalt. »Weil er die Seinen liebte, liebte er sie bis zur Vollendung« (Joh 13,1).

Mit dem Lobgesang schloß das Mahl. Sie verließen den Saal und wanderten zum Ölberg:

»Jahwe, du neigtest dein Ohr mir zu
am Tage, da ich zu dir rief.
Es umwanden mich die Stricke des Todes,
die Schlingen der Unterwelt;
versunken war ich in Elend und Angst.
Da rief ich den Namen Jahwe:
Ach, Jahwe, errette mein Leben!«
(Ps 116,2–4)[7]

7 Die Psalmen 115-118 schlossen das Paschamahl lobend ab.

Wacht mit mir!

Mk 14,32–42

An den Rand des Todes gedrängt, zerrinnt alles Vordergründige in Nichts, und nur eine letzte Frage bleibt: Wer bin ich geworden, und wer werde ich sein – und wer bist du, mein Gott? Bist du?

Jegliche Begleitung von Menschen muß hilflos zuschauen, wie der Tod das Leben umfängt, und wie das Tor sich öffnet, hinter das kein irdisches Auge dringt. Selten geht einer von uns raschen Schrittes, freudig und erleichtert, hüpfend wie ein Kind. Den meisten preßt sich das Ende wie ein Feind in den sträubenden Leib: Du mußt!

Sie kamen zu einem Garten, der Getsemani heißt. Und er sagte zu seinen Jüngern: Wartet hier, während ich bete. Und er nahm Petrus, Jakobus und Johannes mit sich. Da ergriff ihn Furcht und Angst, und er sagte zu ihnen: Ich bin zu Tode betrübt. Bleibt hier und wacht! Und er ging ein Stück weiter, warf sich auf die Erde nieder und betete, die Stunde solle, wenn es möglich wäre, an ihm vorübergehen. Er sprach: Abba, Vater, alles ist dir möglich. Nimm diesen Kelch von mir! Aber nicht, was ich will, sondern was du willst, soll geschehen.
Und er ging zurück und fand sie schlafend. Da sagte er zu Petrus: Simon, du schläfst? Konntest du nicht einmal eine Stunde wach bleiben? Wacht und betet, damit ihr nicht in Versuchung geratet! Der Geist ist willig, aber das Fleisch ist schwach.

Und er ging wieder weg und betete mit den gleichen Worten. Und als er zurückkam, fand er sie wieder schlafend, denn die Augen waren ihnen schwer geworden; und sie wußten nicht, was sie ihm antworten sollten.
Und er kam zum drittenmal und sagte zu ihnen: Schlaft ihr noch immer und ruht euch aus? Es ist genug. Die Stunde ist gekommen; jetzt wird der Menschensohn den Händen der Sünder ausgeliefert. Steht auf, wir wollen gehen! Seht, der Mensch, der mich ausliefert, ist nahe.

Dreimal kehrt Jesus um vor dem Tor des Todes und sucht Halt in seiner Not bei den bevorzugten Jüngern: »Bleibt hier und wacht!« Der, den der sinkende Petrus einst um Hilfe rief (Mk 14,22-33), stößt nun in Angst hervor: Wacht mit mir! Helft mir! Der mächtige Herr, der den Dämonen gebot, der Kranke heilte, Sünden vergab und den Sturm stillte, schreit nach Mitleidenden und Mitgeprüften. Nie hatte er ihren Trost, ihren helfenden Freundesblick, ihr ermunterndes Wort dringender ersehnt als jetzt, wo sie – schlafend – sich entziehn.
Im »Stück, das er weiter ging« und in der Schlaftrunkenheit der Jünger zeichnet Markus die gähnende Leere, die sich vor Jesus auftut. Alle Macht seines öffentlichen Wirkens scheint ausgetilgt, wie von den Gewalten der Finsternis verschluckt. Wehrlos, machtlos, trostlos, menschlos wird er der Ecce Homo.
Der Schlaf der Jünger ist mehr als Müdigkeit; er verdeutlicht den beginnenden Abfall (vgl. Mk 14,27). Bald werden sie ihn verlassen und fliehen (Mk 14,50).

In den von der Gegenwart der Jünger entleerten Raum ergießen sich andere: das Verhaftungskommando, der Verräter, die Schergen und Quäler. Nicht mehr Menschen umgeben ihn von jetzt an, sondern nur Hände, Werkzeuge und Funktionen. Nicht mehr Gesichter blicken ihn an, sondern Münder, Zähne, Lippen, Zungen, Speichel führen ihren Auftrag aus. Er, der ganzheitlich liebte, der aufforderte, mit allen Kräften dem anderen gut zu sein, wird von routinierter Gehässigkeit zerschlagen werden. Sie werden aus ihm machen, was er nie sein wollte: politischer Herrscher und Machthaber, wenn sie ihn mit Purpurmantel, Dornenkrone und Kniefall zum Spottkönig ausrufen (Mk 15,16-20).

In seiner Not sucht Jesus Halt an der Erde – der von Gott geschaffenen und geliebten – und wirft sich auf sie nieder. In seiner Einsamkeit sucht Jesus Halt beim Vater – aus dessen Hand er hervorgeht – und betet: »Abba, Vater, alles ist dir möglich. Nimm diesen Kelch von mir!«

Die radikalste Bitte seines Lebens kommt betend aus ihm hervor, doch in ihr schwingt die erschütternde Frage: Wer bist du, Vater? Warum willst du deine Herrschaft in meinem Tod vollenden? Warum reißt nur mein Sterben die Jünger, die Welt, die verstockten Herzen, die verblendeten Augen aus dem Schlaf, damit sie erkennen? Muß ich leiden, damit du verherrlicht wirst? Wie paßt zu dir, du Gütiger, das Leiden des geliebten Sohnes? Aber er fügt hinzu – erschrocken und zart – »Nicht, was ich will, soll geschehen, sondern was du willst.« Wenn ich mich dir anvertraue, *scheine* ich nur zu stürzen. Deine Arme sind stark genug, mich aufzufangen. Deine Absicht mit den Menschen möge sich erfüllen.

Antwort kommt keine. Doch bald wird Sonnenfinsternis den Sterbenden und die gaffende Welt umhüllen.

Ein viertes Mal kehrt Jesus nicht mehr um vor dem Tor des Todes, zurück zu den Jüngern. Entschlossen geht er voraus. »Steht auf! Laßt uns gehen! Seht, der mich ausliefert, ist nahe.«

Wie wird es uns ergehen? Wie werden wir gegürtet werden? (vgl. Joh 21,18)

Verleugnet von Petrus

Mk 14,66–72

Drinnen – im Haus des Hohenpriesters, nähert sich Jesus schweigend und leidend der Vollendung seines Zeugnisses für Gott.
Draußen – im Vorhof, schrumpft sein erschütterndes Gegenbild, Petrus, der Erste der Jünger, in Furcht zusammen und entsagt dem Zeugnis. Kurz vorher hatte er noch das große Wort gesprochen: »Und wenn ich mit dir sterben müßte, ich werde dich nicht verleugnen« (Mk 14,31).
Das wurde im Urchristentum überliefert! Die Christen vertuschten das Versagen ihrer Großen nicht. Es gibt nur einen, der ganz Licht und Wahrheit ist, alle anderen – wir – brauchen seine Gnade.
Wer die Erzählung von der Verleugnung des Petrus hört, weiß: Jeder kann fallen, wenn selbst Petrus gefallen ist.

Als Petrus im Hof war, kam eine von den Dienerinnen des Hohenpriesters. Sie sah Petrus, der sich wärmte, blickte ihn an und sagte: Auch du warst bei dem Nazoräer, diesem Jesus da. Doch er leugnete es und sagte: Ich weiß und verstehe nicht, wovon du redest.
Dann ging er in den Vorhof hinaus. Als die Dienerin ihn dort bemerkte, sagte sie zu denen, die dabeistanden, noch einmal: Der gehört zu ihnen. Er aber leugnete wieder.
Wenig später sagten diese Leute von neuem zu Petrus: Du gehörst wirklich zu ihnen; du bist doch auch ein Galiläer.

Da verwünschte er sich und schwor: Ich kenne diesen Menschen nicht, von dem ihr redet!
Gleich darauf krähte der Hahn zum zweitenmal, und Petrus erinnerte sich, daß Jesus zu ihm gesagt hatte: Ehe der Hahn zweimal kräht, wirst du mich dreimal verleugnen. Und er begann zu weinen.

Petrus und Jesus, beide sind umstellt von einer Finsternis, in der die dunklen Mäche im Hintergrund des Sichtbaren ihren Schlag vorbereiten; für beide brach in dieser Nacht die Wende des Lebens an, je verschieden.

Vieles spricht für Petrus.
Er floh nicht irgendwohin, sondern ging Jesus nach in die Nacht, um ihm nahe zu bleiben. Weil er fror, trat er in die Helle des Feuerscheines und wurde als Jünger erkannt. Erkannt, leugnete er zwar und zog sich in den dunklen Teil des Hofes zurück, aber er blieb. Erst später floh er hinaus – um zu weinen.

Das aber bedeutete seinen Fall,
daß er mit Jesus sein wollte, ohne ihn zu bekennen. Besorgt um sein Leben, besorgt, die Finsternis könne ihn verschlucken, »verleugnete er nicht sich selbst, nahm nicht sein Kreuz auf und folgte nicht Jesus« (vgl. Mk 8,34).

Das bedeutete seinen Fall,
daß er in Jesus nur den Menschen sah. Es wurde offenbar, daß seine Nachfolge und sein Vertrauen sich mehr an einer glanzvollen Messiasvorstellung entzündet hatten als am Messias der Leiden. So zerbrach sein Glaube, als im Menschen Jesus der »Menschensohn« Gottes sichtbar wurde (Mk 14,62). Erst

später folgte die Bekehrung und seine neuerliche Hinkehr zum Zeugnis und zur erneuerten Liebe: »Herr, du weißt alles, du weißt auch, daß ich dich liebe« (vgl. Joh 21,15-19).

Jesus trat freiwillig in die Finsternis ein, die er vorausgeschaut hatte. Erst mit seinem Todesschrei am Kreuz verließ er sie wieder.
Als sie ihn griffen, wehrte er sich nicht. Ohne Macht und Herrlichkeit, ohnmächtig, wollte er in den Händen der Feinde sein. So wurde er zwangsläufig zum Ärgernis und Anstoß für alle, die sich an ihm festgehalten hatten.
Aber seine Leiden begannen nicht erst am Ölberg, sondern schon immer war er »das Lamm, das zur Schlachtbank geführt wurde« (Jes 53,7 u. 12), immer schon »mußte er vieles leiden« (Mk 8,31).

Leiden heißt: Im Kreuzfeuer der Kritik und des Widerspruchs stehen, des Unverstandes und des Unverständnisses, der falschen Erwartungen und der allzu menschlichen Hoffnungen.
Leiden heißt: In Widerspruch geraten, auf Widerstand stoßen, Widersachern erliegen, ohne äußere Machtmittel leben, ohne den inneren Stachel des Selbsterhaltungstriebs auskommen wollen.
Das war sein Weg – vom Vater zugemessen und den Vater offenbarend – »Alle werden an mir irre werden. Der Hirte wird geschlagen und die Schafe werden sich zerstreuen« (Mk 14,27).
Gott offenbart sich in ihm als Gegenziel von Selbstbehauptung und Stärke.

Weil uns mehr die Macht imponiert, weil uns mehr der Erfolg interessiert, wollte Gott in Jesus schwach und arm sein, damit wir uns nicht verrennen in irreleitende Sicherheit und Überheblichkeit. Also stand Jesus vor dem Hohenpriester und vor Pilatus als ohnmächtiger Zeuge des wahren Gottes. Sie aber wiegten sich im Recht: Er schweigt, also hat er nichts mehr zu sagen, also gibt er sich geschlagen, also erkennt er seine Schuld. Er ist des Todes schuldig.

Worauf hätte sich Petrus stützen können: auf Jesus, den verlassensten Menschen? Am härtesten wird Glaube erpobt, wenn er uns zu isolieren scheint. Deshalb flüchtete Petrus zurück auf die Gegenseite: »Ich kenne den Menschen nicht.« Er wollte heraus aus der Finsternis, hinein in den Tag, aufgenommen sein von Gemeinschaft.

Das bedeutete seinen Fall,
er wußte es weinend sogleich – daß seine Überheblichkeit und Blindheit die Passion Jesu vermehrt hatte (vgl. Lk 22,31-34).

Das Dunkel jener Nacht ist nicht vorbei, das »Ärgernis des Kreuzes« (Gal 5,11) dauert an. Denn unser Glaube wankt mit, wenn die Zahl der Bekenner heute abnimmt.
Das vermessenen Selbstvertrauen des Petrus – »Wenn ich auch mit dir sterben müßte, ich werde dich niemals verleugnen« – war damals nicht die Lösung; das vermessene Selbstvertrauen auf Einfluß und Macht und bessere Zeiten der Kirche ist es auch heute nicht.

Petrus zum Heil und uns zur Bekehrung wurde alle Selbstsicherheit widerlegt. Nur die Teilhabe am Widerspruch um Christi willen führt aus der Nacht und offenbart den wahren Gott.

Das Kreuz tragen und nachtragen

Mk 15,20–22. 24; 8,34–37

Ständig den Hals verdrehen und Trugbildern nachgaffen.
Warum nicht sein Bild vor Augen?

Ständig den Weg suchen und immer meinen, das Glück sei woanders.
Warum nicht ihm nachgehen?

Ständig die Ohren voll vom Hall vergänglicher Worte.
Warum nicht sein Wort im Sinn?

Ständig gereizt von den Dingen draußen und der Selbstsucht drinnen.
Warum nicht von Liebe bewegt?

Trugbilder täuschen. Vergängliche Worte töten. Nur er erfüllt.
Er ist der Weg.

Dann führten sie ihn hinaus, um ihn zu kreuzigen. Einen Mann, der gerade vom Feld kam, Simon von Zyrene, den Vater des Alexander und des Rufus, zwangen sie, sein Kreuz zu tragen. Und sie brachten Jesus an einen Ort namens Golgota, das heißt übersetzt Schädelhöhe . . . Dann kreuzigten sie ihn. –

Karfreitagsprozession in Jerusalem

Wer zu mir gehören will, der verleugne sich selbst, nehme sein Kreuz auf sich und folge mir nach. Denn wer sein Leben retten will, wird es verlieren; wer aber sein Leben um meinetwillen und um des Evangeliums willen verliert, wird es retten. Was nützt es einem Menschen, wenn er die ganze Welt gewinnt, dabei aber sein Leben verliert? Um welchen Preis könnte er sein Leben zurückkaufen?

Jesus zwingt keinen zur Nachfolge, zwingt keinen ins Leiden. Die Soldaten waren es, die Simon das Kreuz aufluden. Denn was Jesus den Nachfolgenden, den Kreuzträgern verheißt, verändert das Leben so sehr, daß Zwang nicht zum Ziel führt.

»Sich selbst verleugnen« ist gefordert; das eigene Ich mit seinen großen und kleinen Ansprüchen nicht so wichtig nehmen; nicht sich selbst bekriegen und besiegen, um durch Abtötung ein edleres, geistigeres, moralischeres Ich herauszumeißeln; sondern wie ein Liebender mit Jesus gehen und der Mühen und Freuden nicht achten, die dieser Weg bereiten wird. Jesus groß sein lassen, nicht sein eigenes Gefühl! »Wirf alle deine Sorgen auf den Herrn, er wird dich retten« (1 Petr 5,7).

Jesus zwingt keinem sein Kreuz auf, denn wer wollte es ihm abnehmen? Simon trug lediglich das Holz.
Wer Jesus nachgeht, »nehme sein Kreuz auf sich«, das eigene. »Kreuz« meint nicht irgendwelche Schmerzen, meint nicht die natürliche Last des Lebens oder selbstgewählte und ausgedachte Leiden. Es meint: in den mir zugedachten Tod einwilligen, der unverwechselbar auf mich zukommt, wenn ich nachfolge. Denn es gilt: »Der Knecht steht nicht über dem Herrn. Haben sie mich verfolgt, werden sie auch euch verfolgen«

(Mt 10,24; Joh 15,20). Also im Widerspruch stehen, im Kreuzfeuer der Kritik, des Unverständnisses, der Einsamkeit um des Evangeliums willen; also sein ängstliches und stolzes Leben vor dem Tod nicht in Sicherheit bringen wollen. Wer seinen Tod bejaht, hat ihn in Wahrheit schon hinter sich gelassen und ist befreit für das Leben in seiner Fülle.

Das Kreuz Jesu hat unsere Kreuze nicht in spürbare Freudenhölzer verwandelt. Sie lasten weiter. Doch wir haben auf unserem Gang einen Freund, einen Gefährten, einen Lebensspender erhalten. Wir sind nicht mehr allein und ungetröstet. In unserem Kreuz trägt er das seine mit.

Jesus rechnete anscheinend immer mit Leiden. Er versprach uns nicht ihre Überwindung für diese Weltzeit. Armut, Hunger, Krankheit, Ausbeutung, Ungewißheit, Einsamkeit, Entfremdung um seinetwillen werden nicht aufhören. Aber sie haben einen Sinn erhalten. Der Kolosserbrief beschreibt ihn unnachahmlich für den, der ihn fassen kann: »Ich freue mich an meinem Leiden, das ich für euch erdulde. Ich erstatte an meinem Fleisch, was noch mangelt an den Trübsalen Christi, für seinen Leib, die Kirche« (1,24).

Er starb mit einem Schrei

Mk 15,29–39

Ob einer noch viel sprechen kann, der an der grausamsten Folgen stirbt, am Kreuz?

Sonne verbrennt den entblößten Leib. Das Herz rast vor Anstrengung. Schweiß tropft. Durst martert. Unter unsäglichen Qualen kann sich der Gekreuzigte ab und zu an den genagelten Füßen nach oben stemmen und die Muskelspannung vermindern, die das Atmen entsetzlich erschwert. Aber irgendwann versagen die Beine, wenn sie nicht vorher zerschmettert wurden (vgl. Joh 19,32 f.). Der ermattete Leib sinkt auf den Sitzpflock zurück. Den Sterbenden würgt furchtbare Enge. Wenn das Herz den Kampf aufgibt, neigt sich der Kopf auf die Brust.[8]

Die Leute, die vorübergingen, verspotteten ihn; sie schüttelten den Kopf und riefen: Du reißt den Tempel nieder und baust ihn in drei Tagen wieder auf! Hilf dir doch selbst und steig herab vom Kreuz! Ebenso verhöhnten ihn die Hohenpriester und Schriftgelehrten und sagten zueinander: Andern hat er geholfen, sich selbst kann er nicht helfen. Der Messias, der König von Israel! Er soll doch jetzt vom Kreuz herabsteigen, damit wir sehen und glauben! Auch die beiden Männer, die mit ihm zusammen gekreuzigt wurden, beschimpften ihn.
Als die sechste Stunde kam, brach über das ganze Land eine

---

8 Vgl. Kurt Speidel, Das Urteil des Pilatus, Verlag Katholisches Bibelwerk 1976, 138.

Finsternis herein, die bis zur neunten Stunde dauerte. Und in der neunten Stunde rief Jesus laut: Eloï, Eloï, lama sabachtani? Das heißt übersetzt: Mein Gott, mein Gott, warum hast du mich verlassen?
Einige von denen, die dabeistanden und es hörten, sagten: Hört, er ruft den Elija. Einer lief herbei und füllte einen Schwamm mit Essig; er steckte ihn auf einen Stock und gab Jesus zu trinken. Dabei sagte er: Wir wollen sehen, ob Elija kommt und ihn herabnimmt.
Jesus aber stieß einen lauten Schrei aus und starb.
Da riß der Vorhang im Tempel von oben bis unten entzwei.
Als der Hauptmann, der Jesus gegenüberstand, ihn auf diese Weise sterben sah, rief er aus: Wahrhaftig, dieser Mensch war Gottes Sohn!

Umringt vom Hohn der Spötter und allen Mitleids beraubt, ist Jesus an den Pfahl des Kreuzes erhöht:
Du Tempelbezwinger, bezwing doch dein Kreuz!
Du Anderen-Helfer, hilf dir doch selbst!
Du Wundertäter, zeig deine Kraft!
Wo bleibt denn dein Gott? Er war nie mit dir!
Sie witzeln. Sie spotten und lächeln und dünken sich fromm.
Auch die Mitgekreuzigten greifen ihn an.

Auf sich selbst zurückgeworfen hat Jesus keinen mehr, nur den Vater. Doch wo bleiben die Hinweise seiner Nähe? Stürzt der Tod ins Nichts? Starrt gähnende Leere? »Mein Gott, mein Gott, warum hast du mich verlassen?« Unauslotbarer Schmerz und unauslöschbarer Glaube schwingen in eins. Gott, warum? Warum? – Wenn du mich auch verläßt, siehe, ich schreie zu dir. Ich verlasse dich nicht.

Umringt vom Hohn der Spötter und allen Mitleids beraubt, ist Jesus außen und innen allein. Die Hände, die heilten, zerfleischt. Das Herz, das liebte, zerspalten.

Markus taucht Jesu Sterben in die Düsternis der sich verfinsternden Sonne. In ihr trauert der Kosmos über das Geschehen auf Golgota. Sonnenfinsternisse schienen den Menschen damals Verboten von Schrecken und Unheil zu sein. In ihnen mahne sich das Ende der Welt an und das Gericht über alles Leben. »An jenem Tage wird es geschehen – Spruch des Allmächtigen – da lasse ich die Sonne am Mittag schwinden und verfinstere die Erde am lichten Tag« (Am 8,9). Und wie beim Tod des Menschensohnes, so wird es auch beim Tod der Welt sein. »Die Sonne wird sich verfinstern, der Mond seinen Schein nicht mehr geben und die Sterne werden vom Himmel fallen. Die Kräfte des Firmamentes werden erschüttert werden« (Mk 13,24f.).

Weltgericht bricht an. Altes vergeht, Neues entsteht. – Es braucht nicht betont zu werden, daß keine geschichtliche Sonnenfinsternis berichtet, sondern das Kreuzesgeschehen theologisch gedeutet werden soll.

Und zuletzt dieser Schrei – wortlos und wie ein Geschoß! So schrien Gekreuzigte nie; röchelnd gaben sie auf. »Jesus aber schrie laut auf und starb.« Etwas drängt da heraus, das alle Dämme der Sprache durchbricht, weil es kein Wort dafür gibt. Schrei des Siegers über Einsamkeit und Tod, der den heidnischen Hauptmann erschüttert zum Bekenntnis treibt: »Wahrhaftig, dieser Mensch war Gottes Sohn«?
Triumphiert die erschauernde Gemeinde: »Tod, wo ist dein Sieg? Tod, wo ist dein Stachel?« (1 Kor 15,55)?

Zerreißt der Vorhang des Alten Bundes, weil im Dornengekrönten, Gegeißelten und Getöteten der österliche Herr hervortritt, der unbesiegbare David, der neue Mose?

Dann wärest du, Tod, also wie eine Geburt: Ende und Neubeginn. Wie aus der beengenden Hülle des Mutterleibes das Kind ans Licht der Welt tritt und sein erster Schrei Angst und Anfang zugleich bedeutet, so zerstörst du zugleich und befreist! Dann wärest du, Jesus, der mit brutaler Wucht in den Tod gegeben und von den Wassern des Leidens gurgelnd verschluckt wurde, doch in den Händen geborgen geblieben, denen du dich ausgeliefert hattest.

Dann hätte der Tod einen Namen – uns allen zur Hoffnung: Gott trügt nicht, Gott rettet durch dich.

Herr!

Unsere Tage rinnen uns
durch die Finger wie Sand.
Du aber bleibst,
gestern – heute – morgen.

Du kennst uns.
Wir dürfen in dir geborgen sein.
Bereite uns für dein Kommen!
Danke, daß du kommst.

Der Herr

Mk 6,45–52

Manchmal fühle ich mich wie in einem stummen Raum. Die Türen sind verschlossen, die Fenster verdunkelt. Ich bin allein mit der Erfahrung meines Hungers nach Sinn und der Gewißheit meines Todes und der Einsicht in meine Grenzen und der Sehnsucht nach dem Anderen.
Viel Zeit ist verrauscht, viel Gelerntes vergessen. Geknüpfte Kontakte sind wieder geschwunden. Das gestern Drängende ist heute schon zweitrangig und mag morgen belanglos sein.

Was ist der Mensch? Eine Eintagsfliege, auf Wärme, Nahrung und Bewegung angewiesen? Wenn keiner die Türen öffnet und die Vorhänge von den Fenstern wegzieht, wenn keiner die Fenster aufstößt und hinausdeutet, wenn keiner mir vom anderen Ufer zuwinkt, der doch auch ganz dem meinigen angehört, wenn keiner unentwegt begleitet, was ist dann der Mensch?

Gleich darauf forderte er seine Jünger auf, ins Boot zu steigen und ans andere Ufer nach Betsaida vorauszufahren. Er selbst wollte inzwischen das Volk wegschicken. Nachdem er sich von den Leuten verabschiedet hatte, ging er auf den Berg, um zu beten.

Sieger Köder, Die Jünger im Seesturm

Als der Abend anbrach, war das Boot mitten auf dem See, er aber war allein am Ufer. Und er sah, wie sie sich beim Rudern abmühten, denn sie hatten Gegenwind. Es war um die vierte Nachtwache. Da ging er auf dem See zu ihnen, wollte aber an ihnen vorübergehen. Als sie ihn über das Wasser gehen sahen, meinten sie, es sei ein Gespenst, und schrien auf. Alle sahen ihn und erschraken.
Doch er begann mit ihnen zu sprechen und sagte: Habt Vertrauen, ich bin es; habt keine Angst! Dann stieg er zu ihnen in das Boot, und der Wind legte sich. Sie aber waren bestürzt und außer sich. Denn als das mit den Broten geschah, kamen sie noch nicht zur Einsicht; ihr Herz war verblendet.

Die Jünger,
auf dem See von Galiläa,
umgeben vom Wasser, dem Element des Untergangs,
in einer Nußschale von Boot,
von der Mühe in Beschlag genommen, gegen den Wind zu rudern
und das Schifflein voranzubringen,
am Ende einer langen Arbeitsnacht kurz bevor der Horizont aufgraut,
müde und erschöpft, vielleicht mutlos.
Wie in einem Spiegel sehen wir unser eigenes Gesicht.

Jesus,
auf dem festen Land des Gebetes und der Gottesnähe,
ferne dem Element, das untergehen läßt und Tod bringen kann,
gelöst und erleuchtet.
Er sieht seine Jünger,
schauend nimmt er teil an ihrem Geschick.

Während sie sich allein fühlen, ist er ihnen nahe,
erkennt sie bis in ihre Tiefe.

Er hat sie eingelassen in seine Wesensmitte
und, obwohl er ferne steht, ist er ihnen gegenwärtig
wie jemand, der spürbar die Haut streichelt, anfeuert, die Ruderkraft verstärkt.
So lebt er auch heute, unsichtbar – wirkend.

Die Jünger,
wie mit Blindheit geschlagen, verhärteten Herzens, erschrokken, verwirrt, ohne Vertrauen, im Diesseits beheimatet, allein im Schiff ohne Jesus, schreien laut auf.
Umstellt von den Notwendigkeiten des materiellen Lebens, gehen ihre Augen nicht über das Sichtbare hinaus, hören ihre Ohren nur Töne, und spürt ihre Hand nur das harte Ruderholz.
Wie in einem abgeschlossenen, lichtlosen Raum!
So sehen sie nur »ein Gespenst«, nicht ihn.
Noch nie durchstieß das irdische Auge allein die Hülle des Wahrnehmbaren. So packt sie jener Schauder, der auch die Frauen am Grabe ergriff (Mk 15,8).
Wie in einem Spiegel sehen wir unser eigenes Gesicht.

Jesus
will vorübergehen.
Er schreitet über das Wasser, als sei es festes Land und nicht drohender Tod.
So zog Gott an Mose vorbei (Ex 33,21-23),
so an Elija am Berge Horeb (1 Kön 19,11-13),
wie jetzt Jesus vorübergehen will, der zum Vater erhöhte Herr alles Geschaffenen.

Aber er redet sie an: »Seid getrost! Fürchtet nichts! Ich bin es.«
Ich Bin, Jesus, der euch gerufen hat, dessen Taten ihr saht.
Ich Bin, Jesus, der mit dem Vater Verbundene, der euch in seine Nähe bringt.
Ich Bin, der war, ehe Abraham ward (Joh 8,58).
Ich Bin mitten im Boot eures Lebens.

Der Sinn dieser nächtlichen Begegnung ist erst von Ostern her tiefer verständlich. Der Gekreuzigte lebt. Der vom Tod verschlungen wurde, ist Herr des Todes. Weil der Erhöhte vom anderen Ufer zu uns kommt, kann er unaussprechlich nahe sein.

Wer jedoch erkennt den Herrn?
Der das Organ für die jenseitige Welt nicht verkümmern läßt bei rastlosem Rudern,
der vertraut trotz Angst und Zweifel,
der aus der Hoffnung lebt, daß Er unentwegt begleitet und unserer Fahrt ein Ziel gesetzt ist,
der darum bittet:

Lehre mich, Herr, den Klang deiner Stimme zu hören in Wort und Sakrament, im Gebet und im Bruderdienst,
und bewahre mich davor, Sensationen zu erwarten, schnelle Erleuchtung, und die Mühe der geringen Dinge zu scheuen!

Bild- und Textnachweis

S. 10: Karl Schmidt-Rottluff, Petri Fischzug, Holzschnitt 39,7 x 50 cm, 1918 – Karl und Emy Schmidt-Rottluff-Stiftung, Brücke-Museum, Berlin-Dahlem.

S. 96: Sieger Köder, Eine Tübinger Bibel in Bildern, Verlag Katholisches Bibelwerk, Stuttgart [2]1977, S. 35.

Die Fotos stammen von Pfarrer Dr. Jörg Zink, Stuttgart.

Die kursiv gedruckten Bibeltexte sind entnommen der Einheitsübersetzung der Heiligen Schrift, Katholische Bibelanstalt Stuttgart.

ISBN 3-460-31571-7
Mit kirchlicher Druckerlaubnis
Alle Rechte vorbehalten
© 1977 Verlag Katholisches Bibelwerk GmbH, Stuttgart
Lektorat: Josef Metzinger
Umschlag: Helmut Fritz, Kornwestheim

Vom gleichen Verfasser:

Seine Spuren

Besinnliche Reise durch die Heimat Jesu

76 Seiten, 20 ganzseitige Fotos, Format 17 x 21 cm, kartoniert DM 12,80

Durch Text und Fotos vom Heiligen Land vermittelt dieser Bildband eine besinnliche Reise auf den Spuren Jesu. Der Leser erlebt Orte, wo Jesus wirkte: die Landschaft am See Gennesaret, Jerusalem mit Teich Betesda, Tempelplatz, dem alten Treppenweg am Westhügel und Golgota. Fünf Besinnungen bedenken die Umwelt, die Jesus beeinflußte: die religiösen und politischen Gruppierungen jener Zeit, Qumran und die Synagoge. Und schließlich verfolgt der Verfasser Jesu Weg »von der Armut zur Auferstehung«, von der Krippe zum Ostermorgen. Endlich ein Bildband des Heiligen Landes, der die Stätten und ihre Botschaft einem breiten Leserkreis nahebringen kann!

Verlag Katholisches Bibelwerk
Silberburgstraße 121 A, 7000 Stuttgart 1

Adolf Smitmans

Der Narr Jesus

Glauben wider den Strich

48 Seiten, 4 vierfarbige Tafeln, Format 17 x 21 cm, gebunden DM 12,80.

Christus ist früheren Genrationen in verschiedenartigem Gewand begegnet: als Lehrer, als Richter, als Arzt. In unserer heutigen Welt haben diese traditionellen Bilder Christi viel von ihrer Macht eingebüßt. Jetzt ist Christus in einem neuen, oder eigentlich in einem alten, aber wiederentdeckten Gewand auf die Bühne des modernen säkularen Lebens getreten. Es erscheint Christus der Harlekin: die Personifizierung der Festlichkeit und der Phantasie in einer Zeit, die beides fast verloren hat. Geschminkt und im Scheinwerferlicht vermag dieser Christus unserem abgehetzten modernen Bewußtsein nahe zu kommen, wie das andere Bilder des Christus nicht vermögen ...

Harvey Cox, in: Das Fest der Narren (Anstelle eines Vorworts)

Das auf diesen Seiten gewonnene Jesusbild ist gewiß nicht sehr geläufig. Das Buch ruft jedoch zur befreienden Sichtung eigener Vorstellungen und Verhaltensweisen auf und zeigt, daß das Narrentum im Leben Jesu und des Christen etwas von der grundsätzlichen Ohnmacht der menschlichen Selbstverwirklichung zeigt.

P. Andreas Stadelmann, in: Mariastein 3/1976

Verlag Katholisches Bibelwerk
Silberburgstraße 121 A, 7000 Stuttgart 1